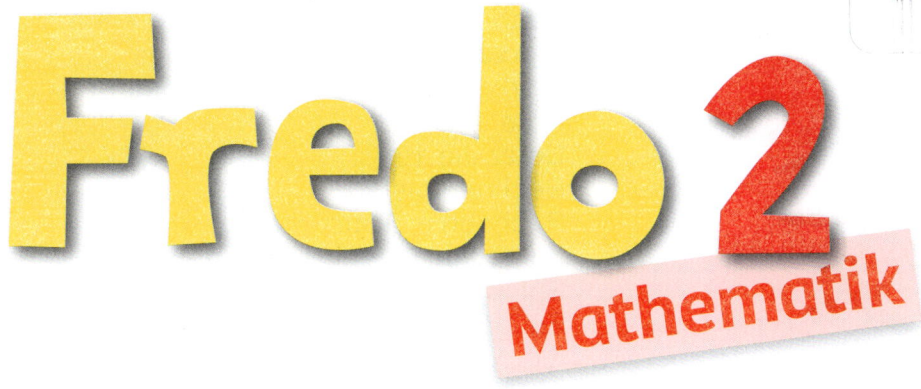

Fredo 2 Mathematik

Allgemeine Ausgabe

Erarbeitet von

Mechtilde Balins

Rita Dürr

Nicole Franzen-Stephan

Petra Gerstner

Ute Plötzer

Anne Strothmann

Margot Torke

Lilo Verboom

Illustriert von

Cleo-Petra Kurze

Martina Theisen

Oldenbourg Schulbuchverlag, München

Inhaltsverzeichnis

Zahlen   Rechnen   Geometrie   Sachrechnen   Daten und Zufall

3

1 Einige Kinder haben aus den Ferien Postkarten geschrieben.
Schau dir die Texte an. Wo kannst du rechnen? Schreibe und rechne.

a)

Liebe Klasse 2a!

Wir sind auf einem kleinen Campingplatz. Hier stehen so viele Wohnwagen, wie ihr auf der Postkarte seht.

Grüße Max

b)

Hallo Klasse 2a!

Wir sind 4 Stunden auf diesen Berg gewandert. Zurück waren wir viel schneller.

Gruß
Resul

c)

Liebe Klasse 2a!

Ich bin mit meiner Familie am Meer. Wir haben Muscheln gesammelt. Mein großer Bruder hat 18 Muscheln gefunden, ich hatte 3 Muscheln weniger.

Grüße
Jette

d)

Hallo Klasse 2a!

Wir sind in Spanien. Das Hotel hat 12 Stockwerke. Das Hotel neben uns hat 3 Stockwerke mehr.

Grüße
Lena

e)

Hallo Klasse 2a!

Wir waren oft am Badesee. Meine Schwester ist 3 Meter weit getaucht. Ich bin 6 Meter weit getaucht.

Viele Grüße von Justus

f)

Liebe Klasse 2a!

Wir waren im Kindermuseum. Ich bin 3 Runden Laufrad gefahren. Eine Runde war 30 Meter lang.

Tschüss
Lars

 2 Was hast du in den Ferien gemacht? Schreibe eine Rechengeschichte.
Ein Partner soll sie lösen.

Was meinst du: Was hat Fredo in den Ferien gemacht?
Schreibe oder male und rechne.

Werkzeugkoffer: Plusaufgaben

AH S. 4 FH S. 3–5

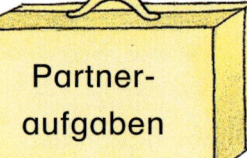

Partner-aufgaben

$8 + \quad 9 \quad = \square$
$8 + 2 + 7 = 17$

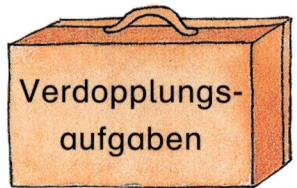

Verdopplungs-aufgaben

$8 + 9 = \square$
$8 + 8 + 1 = 17$

Mit der 10

$8 + 9 = \square$
$8 + 10 - 1 = 17$

1 Rechne mit dem gelben Werkzeugkoffer.

a) $6 + \quad 8 \quad = \square$
$6 + 4 + 4 = \square$

b) $8 + \quad 6 \quad = \square$
$8 + 2 + 4 = \square$

c) $7 + \quad 5 \quad = \square$
$7 + 3 + 2 = \square$

d) $5 + \quad 8 \quad = \square$
$5 + \square + \square = \square$

e) $7 + \quad 8 \quad = \square$
$7 + \square + \square = \square$

f) $8 + \quad 4 \quad = \square$
$8 + \square + \square = \square$

2 Welcher Rechenweg ist richtig?
Schreibe ihn auf.

a) $6 + 7 = \square$
$6 + 6 + 1 = \square$

a) $6 + 7 = \square$

$6 + 6 + 1$
$7 + 7 + 1$

b) $7 + 8 = \square$

$7 + 7 + 1$
$8 + 8 + 1$

c) $6 + 5 = \square$

$6 + 6 - 1$
$5 + 5 - 1$

d) $7 + 6 = \square$

$6 + 6 - 1$
$7 + 7 - 1$

3 Welcher Rechenweg ist richtig? Schreibe ihn auf.

a) $7 + 9 = \square$

$7 + 10 + 1$
$7 + 10 - 1$

b) $5 + 9 = \square$

$5 + 10 - 1$
$5 + 10 + 1$

c) $6 + 9 = \square$

$6 + 10 - 1$
$6 + 10 + 1$

d) $4 + 9 = \square$

$4 + 10 + 1$
$4 + 10 - 1$

4 Rechne auf deinem Weg.

a) $6 + 9$
$7 + 4$
$5 + 8$
$8 + 6$

b) $8 + 5$
$6 + 7$
$7 + 5$
$5 + 6$

c) $7 + 6$
$9 + 6$
$8 + 7$
$6 + 6$

d) $5 + 7$
$6 + 8$
$9 + 4$
$7 + 9$

e) $5 + 9$
$7 + 8$
$8 + 4$
$8 + 9$

 Vergleicht und erklärt eure Rechenwege.

Finde viele Plusaufgaben zu diesen Ergebnissen:

Ergebnis 12   Ergebnis 14   Ergebnis 16   Ergebnis $\square$

Werkzeugkoffer: Minusaufgaben

AH S. 5   FH S. 6–8

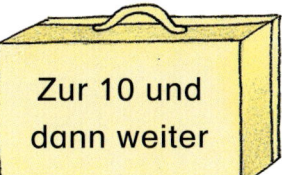

Zur 10 und dann weiter

14 − 5 =
14 − 4 − 1 =

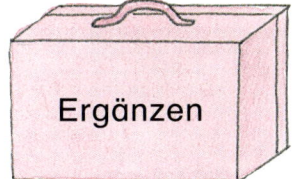

Ergänzen

11 − 8 =
8 + = 11

Mit der 10

14 − 9 =
14 − 10 + 1 =

1 Rechne mit dem gelben Werkzeugkoffer.

a) 13 − 6 =
13 − 3 − 3 =

b) 14 − 8 =
14 − 4 − 4 =

c) 12 − 5 =
12 − 2 − 3 =

d) 15 − 8 =
15 − − =

e) 13 − 7 =
13 − − =

f) 11 − 4 =
11 − − =

2 Rechne mit dem rosa Werkzeugkoffer.

a) 12 − 8 =
8 + = 12

b) 11 − 7 =
7 + =

c) 14 − 8 =
 + =

d) 13 − 7 =
 + =

3 Welcher Rechenweg ist richtig?
Schreibe ihn auf.

a) 1 5 − 9 =
1 5 − 1 0 + 1 =

a) 15 − 9 =

15 − 10 − 1
15 − 10 + 1

b) 16 − 9 =

16 − 10 + 1
16 − 10 − 1

c) 14 − 9 =

14 − 10 + 1
14 − 10 − 1

d) 17 − 9 =

17 − 10 − 1
17 − 10 + 1

4 Rechne auf deinem Weg.

a) 14 − 8
12 − 9
13 − 6
11 − 4

b) 12 − 8
13 − 7
15 − 6
14 − 9

c) 18 − 9
14 − 6
17 − 9
13 − 8

d) 12 − 7
11 − 8
16 − 8
12 − 5

e) 15 − 8
16 − 9
11 − 6
14 − 7

 Vergleicht und erklärt eure Rechenwege.

Finde viele Minusaufgaben zu diesen Ergebnissen:

Ergebnis 6   Ergebnis 4   Ergebnis 8   Ergebnis

Unterschiede

> **Unterschiede hamstern**
>
> Spielregel: Jeder deckt eine Zahlenkarte auf.
> Berechnet den Unterschied zwischen beiden
> Zahlen. Das sind die Gewinnpunkte.
> Die Gewinnpunkte bekommt das Kind,
> das die größere Zahl aufgedeckt hat.
> Wer hat zuerst mehr als 20 Punkte?

7 + ☐ = 9

9 − 7 = 2
2 Punkte für mich!

 1 Erkläre: Wie berechnet Justus den Unterschied?
Wie berechnet Jette den Unterschied?

 2 Spielt „Unterschiede hamstern". Wie berechnest du den Unterschied?

3 Berechne den Unterschied. Rechne minus wie Justus und ergänze wie Jette.

a) 9 5   b) 4 7   c) 8 6   d) 6 10   e) 9 6

$9 - 5 = $ ☐ $7 - 4 = $ ☐ $8 - 6 = $ ☐ $10 - 6 = $ ☐ $9 - 6 = $ ☐
$5 + $ ☐ $= 9$ $4 + $ ☐ $= 7$ $6 + $ ☐ $= 8$ $6 + $ ☐ $= 10$ $6 + $ ☐ $= 9$

4 Berechne den Unterschied. Rechne minus wie Justus und ergänze wie Jette.

a) 3 7   b) 4 9   c) 8 3   d) 2 9

e) 1 7   f) 9 6   g) 7 2   h) 8 2

a) $7 - 3 = $ ☐
$3 + $ ☐ $= 7$

5 Rechne wie Justus **oder** wie Jette.

8 17
$17 - 8 = 9$

17 19
$17 + $ ☐ $= 19$

abziehen $5 - 2 = \underline{3}$
ergänzen $2 + \underline{3} = 5$

Der **Unterschied**
zwischen 2 und 5
beträgt **3**.

Ich ziehe die
kleinere Zahl
von der größeren
Zahl ab.

Ich ergänze zur
größeren Zahl.

a) 18 20   b) 5 17   c) 16 19   d) 3 19

e) 4 15   f) 13 15   g) 11 9   h) 13 6

Der Unterschied zwischen zwei Zahlen beträgt 3.
Finde passende Zahlenpaare.

1 Immer zwei Aufgaben: Findest du die Regel?

a) 17 − 5 = ▢   b) 18 − 5 = ▢   c) 15 − 3 = ▢   d) 17 − 6 = ▢

   15 − 7 = ▢   15 − 8 = ▢   13 − ▢ = ▢   ▢ − ▢ = ▢

Welche Aufgaben sind einfacher, die blauen oder die roten? Warum?

2 Bei welchen Aufgaben sind die Ergebnisse kleiner als 10?
Woran erkennst du das? Rechne nur diese Aufgaben.

a)	b)	c)	d)	e)	f)
13 − 8	15 − 7	18 − 5	13 − 6	19 − 4	15 − 6
18 − 3	17 − 5	15 − 8	16 − 3	14 − 9	16 − 5
13 − 9	16 − 5	14 − 9	16 − 7	14 − 8	16 − 7
19 − 3	15 − 6	19 − 4	17 − 6	18 − 4	17 − 6

Vergleiche mit einem Partner. Habt ihr die gleichen Aufgaben gerechnet?

3

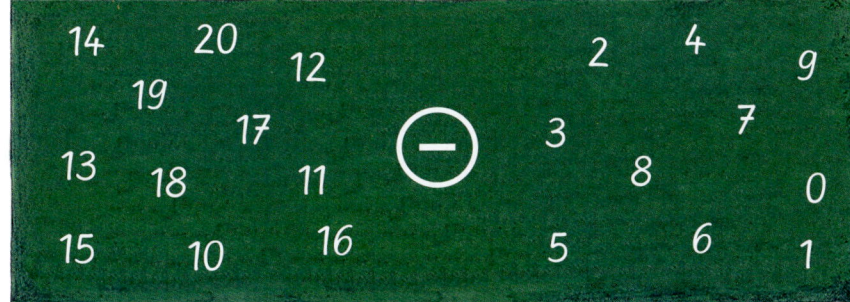

Bilde immer fünf Aufgaben:

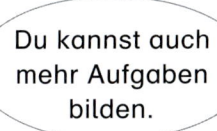
Du kannst auch mehr Aufgaben bilden.

a) Das Ergebnis soll kleiner als 10 sein. | 1 | 1 | − | 2 |

b) Das Ergebnis soll gleich 10 sein. | 1 | 7 | − | 7 |

c) Das Ergebnis soll größer als 10 sein. | 2 | 0 | − | 0 |

4 Aufgabenpaare erforschen. Rechne so:

16 − 5 = 11   19 − 4 = 15
15 − 6 = 9   14 − 9 = 5
11 + 9 = 20   15 + 5 = ▢

Bilde selbst solche Päckchen. Was fällt dir auf?

Der Unterschied zwischen zwei Zahlen soll kleiner als 10 sein.
Schreibe Aufgaben dazu auf.

1 Rechne.

a)	b)	c)	d)	e)
4 + 5	8 + 3	9 − 7	8 − 3	8 + 7
7 + 4	5 + 6	6 − 4	13 − 6	20 − 5
6 + 5	11 + 9	12 − 6	14 − 7	11 + 4
10 + 3	18 + 2	15 − 0	19 − 8	16 − 5

2 Rechne.

a)	b)	c)	d)
6 + ▢ = 10	▢ + 2 = 6	10 − ▢ = 6	12 − ▢ = 2
7 + ▢ = 13	▢ + 8 = 14	15 − ▢ = 12	15 − ▢ = 10
4 + ▢ = 12	▢ + 5 = 9	17 − ▢ = 14	5 − ▢ = 0
10 + ▢ = 18	▢ + 16 = 20	13 − ▢ = 8	18 − ▢ = 9
12 + ▢ = 20	▢ + 13 = 19	14 − ▢ = 9	20 − ▢ = 11

3 Besondere Mauern: Was fällt dir auf? Wie geht es weiter?

a)
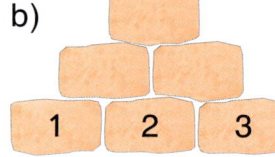

So kannst du die Mauern zeichnen.

b)

📖 Erfinde selbst besondere Mauern.
Was ist das Besondere an deinen
Rechenmauern? Erkläre.

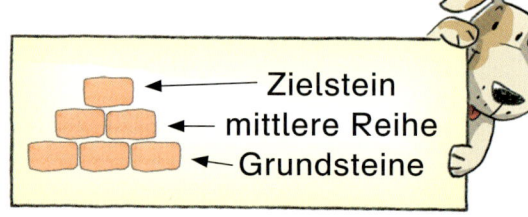

Zielstein
mittlere Reihe
Grundsteine

4 Baue verschiedene Mauern mit den Grundsteinen ▢3 ▢5 ▢6 .
Vergleiche die Mauern.

5 Hohe Mauern: Rechne.

a)

b)

c)

Kontrolliere: Rechne von unten nach oben.

Ich trage das Ergebnis direkt ein.

1 Erkläre.

Beginne mit den Zahlen in der dunkelgrünen Spalte.

die Tabelle

+	2	4	← Randzahlen
5	7	9	← Zeile
6	8	10	

Spalte
Randzahlen

Zeichne die Tabellen in dein Heft und rechne.

2 a)

+	2	3
4		

b)

+	4	3	2
5			

c)

+	6	7	8
6			

3 a)

+	2	4	3
6			
8			

b)

+	2	4	0
7			
9			

c)

+	6	7	8
5			
7			

4 a)

−	1	3	5
5			
6			
8			

b)

−	2	4	6
10			
9			
8			

c)

−	2	4	5
7			
6			
5			

Erfinde eigene Rechentabellen.

Zahlenjagd

 1 Wie spielen Jette und Justus?
Erkläre.

5 + 6 = 11
3 + 4 = 7
4 + 3 = 7

Ich setze auf die 4 + 3 = 7 und werfe dich raus.

2 Spielt zu zweit.
Was fällt dir auf?
Wie kannst du gewinnen?

+	3	4	5	6
3				
4				
5				
6				

das Spielfeld
die Randzahl
die Zeile
die Spalte
die Diagonale
das Ergebnisfeld

Es gibt Ergebnisfelder, da kann mich keiner rauswerfen.

6	7	8	9	10	11	12

Das ist eine Zeile.

Das ist eine Spalte.

Justus und Jette haben das Spielfeld genauer untersucht.

3 a) Zeichne das Spielfeld.
Trage die Ergebnisse ein.
Was fällt dir auf? Markiere
oder schreibe auf.

b) Hast du neue Ideen,
wie du gewinnen kannst?

 c) Spielt noch einmal.

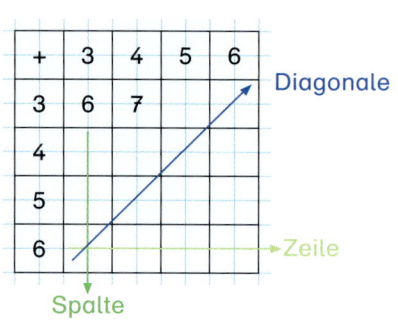

Ich habe ein neues Spielfeld erfunden.

+	6	5	4	3
3				
4				
5				
6				

4 Zeichne das Spielfeld und trage die Ergebnisse ein.

5 Markiere gleiche Ergebnisse mit gleicher Farbe.

6 Was ist anders als beim Spielfeld auf Seite 12? Was ist gleich? Schreibe in dein Heft. Diese Satzanfänge können dir helfen:

Die Zahlen in einer Spalte …

Die Zahlen in einer Zeile …

Die Zahlen in einer Diagonalen …

Vergleiche mit einem Partner.

7 Warum haben die Ergebnisse in Fredos Spielfeld ein anderes Muster? Begründe.

8 Andere Spielfelder: Zeichne und rechne.

a)

+	5	6	7	8
5				
6				
7				
8				

b)

+	6	7	8	9
9				
8				
7				
6				

c)

−	3	4	5	6
10				
9				
8				
7				

9 Was ist hier anders? Erkläre.

a)

+	15	16	17	18
5				
7				
8				
9				

b)

−	8	7	5	4
20				
19				
18				
17				

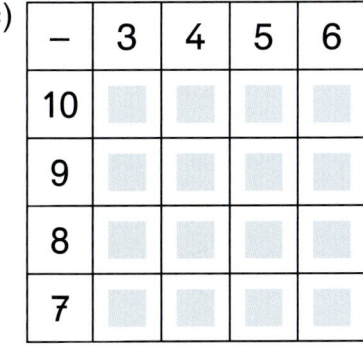

Erfinde ein neues Spielfeld für die Zahlenjagd.

13

1+1	1+2	1+3	1+4	1+5	1+6	1+7	1+8	1+9	1+10
2+1	2+2	2+3	2+4	2+5	2+6	2+7	2+8	2+9	2+10
3+1	3+2	3+3	3+4	3+5	3+6	3+7	3+8	3+9	3+10
4+1	4+2	4+3	4+4	4+5	4+6	4+7	4+8	4+9	4+10
5+1	5+2	5+3	5+4	5+5	5+6	5+7	5+8	5+9	5+10
6+1	6+2	6+3	6+4	6+5	6+6	6+7	6+8	6+9	6+10
7+1	7+2	7+3	7+4	7+5	7+6	7+7	7+8	7+9	7+10
8+1	8+2	8+3	8+4	8+5	8+6	8+7	8+8	8+9	8+10
9+1	9+2	9+3	9+4	9+5	9+6	9+7	9+8	9+9	9+10
10+1	10+2	10+3	10+4	10+5	10+6	10+7	10+8	10+9	10+10

1 Entdeckerpäckchen mit der Schablone:
Rechne. Was fällt dir auf?

a) 3 + 10
   4 + 9
   5 + 8
   6 + 7

b) 1 + 9
   2 + 8
   3 +
      +

2 Nun drehe die Schablone so herum:
Was ist jetzt anders?

a) 4 + 1
   5 + 2
   6 + 3
   7 + 4

b) 5 + 7
   6 + 8
   7 +
      +

3 Bilde selbst Entdeckerpäckchen mit der Schablone. Rechne sie aus.

4 Zauberkreuze an der Plustafel:

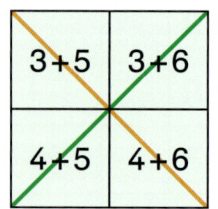
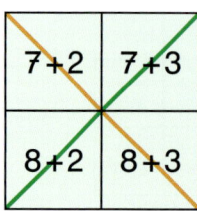
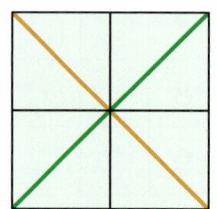

Rechne so:

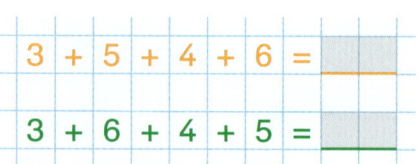

Was fällt dir auf? Kannst du das erklären?

Zaubersterne

 1 a) Seht euch die Zahlen auf dem Telefon an. Wie sind die Zahlen angeordnet?

b) Rechne die Zahlen auf den vier Linien des Sterns zusammen. Was fällt dir auf?

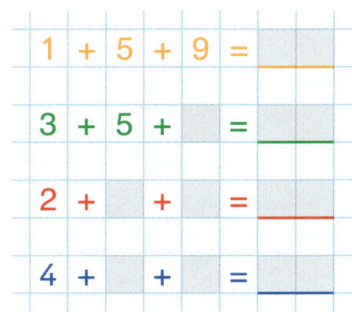

$1 + 5 + 9 =$ ____

$3 + 5 +$ ___ $=$ ____

$2 +$ ___ $+$ ___ $=$ ____

$4 +$ ___ $+$ ___ $=$ ____

Vergleiche mit einem Partner.

 2 a) Vergleicht die Zahlen auf dem Taschenrechner mit den Zahlen auf dem Telefon. Was ist gleich? Was ist anders?

b) Rechne. Was fällt dir auf?

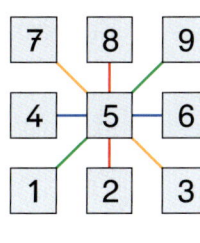

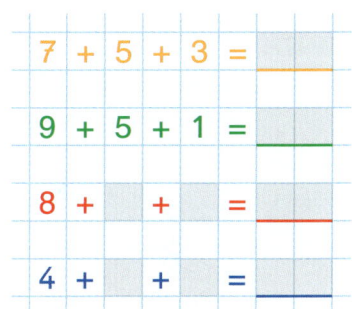

$7 + 5 + 3 =$ ____

$9 + 5 + 1 =$ ____

$8 +$ ___ $+$ ___ $=$ ____

$4 +$ ___ $+$ ___ $=$ ____

Vergleiche mit einem Partner.

3 Knobeln mit Zahlenkarten: | 1 | 2 | 3 | 4 | 5 | 6 | 7 | 8 | 9 |

Drei Zahlen in einer Zeile sollen immer 15 ergeben.
Drei Zahlen in einer Spalte sollen immer 15 ergeben.

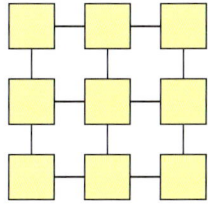

4 Immer zwei Zahlen ergeben zusammen 10.
Markiere die beiden Zahlen und rechne die Aufgabe.

a) $3 + 2 + 7$ b) $9 + 8 + 1$ c) $1 + 6 + 9$ d) $3 + 9 + 7$
   $5 + 6 + 4$ $3 + 7 + 6$ $7 + 6 + 4$ $6 + 8 + 2$
   $6 + 2 + 4$ $5 + 2 + 8$ $5 + 7 + 5$ $7 + 6 + 4$

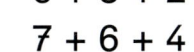 $3 + 2 + 7 = 12$

1 „Ungerade Zahl gewinnt"

Wie spielen Jette und Justus? Erkläre.

2 Spielt zu zweit.

Ihr braucht ein Spielfeld, Zahlenkarten von 1 bis 20
und 30 Holzwürfel.

Wer zum Schluss die meisten Würfel hat, gewinnt.

gerade Zahl
ungerade Zahl
Paare bilden
bleibt übrig

3 Schreibe die Zahlen von 1 bis 20 in dein Heft.

Kreise alle geraden Zahlen grün ein.

4 Gerade und ungerade Zahlen:

a) Schreibe alle geraden Zahlen von 1 bis 20 grün in dein Heft.

b) Schreibe alle ungeraden Zahlen von 1 bis 20 orange in dein Heft.

5 Zahlenrätsel

Ich denke mir eine Zahl.
Sie liegt zwischen 4 und 8
und ist gerade.

b)

Ich denke mir eine Zahl.
Sie liegt zwischen 20 und
16 und ist gerade.

c)

a)

Ich denke mir eine Zahl.
Sie ist größer als 11 und
kleiner als 15.
Sie ist ungerade.

Ich denke mir eine Zahl.
Sie ist die größte ungerade
Zahl kleiner als 20.

d)

e) Erfinde eigene Zahlenrätsel. Ein Partner soll sie lösen.

6 Rechne mit geraden Zahlen.

Ist die Ergebniszahl gerade oder ungerade? Vermute und überprüfe.

a) 6 + 2   b) 4 + 4   c) 8 + 2
    6 + 4   6 + 4   8 + 4
    6 + 6   8 + 4   8 + 6
    6 + 8   10 + 4   8 + 8

Die Ergebnisse sind hier immer …

Warum ist das so?
Erkläre mit dem Zwanzigerfeld.

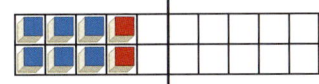

7 Rechne mit ungeraden Zahlen.

Ist die Ergebniszahl gerade oder ungerade? Vermute und überprüfe.

a) 5 + 9   b) 3 + 7   c) 3 + 7
    5 + 7   5 + 7   3 + 9
    5 + 5   7 + 7   3 + 11
    5 + 3   9 + 7   3 + 13

Die Ergebnisse sind hier immer …

Warum ist das so?
Erkläre mit dem Zwanzigerfeld.

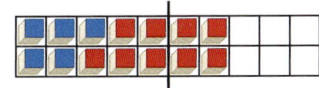

8 Rechne mit geraden und ungeraden Zahlen.

Ist die Ergebniszahl gerade oder ungerade? Vermute und überprüfe.

a) 8 + 11   b) 7 + 4   c) 6 + 13
    8 + 9   9 + 4   6 + 11
    8 + 7   11 + 4   6 + 9
    8 + 5   13 + 4   6 + 7

Die Ergebnisse sind hier immer …

Warum ist das so? Erkläre mit dem Zwanzigerfeld.

9 Minusaufgaben

a) 18 − 6   b) 13 − 5   c) 15 − 12
    16 − 6   11 − 5   15 − 10
    14 − 6   9 − 5   15 − 8

d) 18 − 14   e) 17 − 13   f) 14 − 11
    18 − 12   17 − 11   14 − 9
    18 − 10   17 − 9   14 − 7

Gilt das auch für Minusaufgaben? Probiert es aus.

Finde Plusaufgaben oder Minusaufgaben mit einer geraden Ergebniszahl.
Was musst du beachten?

17

 1 Erzähle.

2 a) Welche Fragen kannst du mithilfe des Bildes beantworten?
Schreibe die Buchstaben mit den Antworten auf.

A Justus angelt Fische. Er hat schon 3 Fische herausgeholt. Wie viele Fische sind noch im Becken?

B 10 Fische braucht man für einen Gewinn. Jette hat schon 6 Fische geangelt. Wie viele Fische muss sie noch angeln, um einen Gewinn zu bekommen?

C Timo hat 5 €. Er kauft eine Erdbeerschnitte und einen Muffin. Wie viel Euro muss er bezahlen?

D Frau Müller verkauft Kuchen. Wie viel Euro kostet eine Erdbeerschnitte?

E 3 Kinder hüpfen beim Sackhüpfen um die Wette. Wer hat gewonnen?

F 6 Kinder und 2 Erwachsene spielen mit dem Schwungtuch. Wie viele Personen sind es insgesamt?

b) Bei welchen Fragen musst du rechnen?
Schreibe die Buchstaben mit Rechnung und Antwort auf.

c) Welche Fragen kannst du nicht beantworten?
Schreibe die Buchstaben in dein Heft.

Warum kannst du diese Fragen nicht beantworten?

Aufgaben 3, 4, 5 : Welche Rechengeschichte gehört zu der Rechnung?
Schreibe sie in dein Heft und rechne.

3 | 6 + 2 = |

| 6 Kinder sitzen am Tisch. 2 Kinder stehen auf und gehen weg. | 6 Kinder sitzen am Tisch. 2 Kinder setzen sich noch dazu. |

4 | 9 − 4 = |

| 9 Kegel wurden aufgestellt. Jana hat 4 Kegel umgeworfen. | Jana hat zuerst 9 Kegel umgeworfen und danach 4 Kegel. |

5 | 2 € + 4 € = 6 €   10 € − 6 € = |

| Justus kauft 4 Muffins und 2 Erdbeerschnitten. Er bezahlt mit einem 10-€-Schein. | Justus kauft 4 Stücke Marmorkuchen und 2 Erdbeerschnitten. Er bezahlt mit einem 10-€-Schein. |

6 Schreibe selbst eine Rechengeschichte zu 6 + 3 und eine zu 11 − 5.

7 a) Jette kauft für sich und ihre
3 Freundinnen je einen Muffin.
Wie viel Euro muss sie bezahlen?

b) Sie bezahlt mit einem 10-€-Schein.
Wie viel Euro bekommt sie zurück?

c) Reicht das Geld noch für Getränke?

Vergiss den Antwortsatz nicht! Passt er zur Frage?

Preise	
Muffin	1 €
Erdbeerschnitte	2 €
Marmorkuchen	50 ct
Wasser	50 ct
Saft	1 €

8 Justus kauft für sich und seine 2 Freunde je eine Erdbeerschnitte.
Er bezahlt mit einem 10-€-Schein. Reicht das Geld noch für Getränke?

Lena hat 10 €. Was könnte sie für sich und ihre 2 Freundinnen kaufen?
Schreibe eine Rechengeschichte dazu.

19

Jette, Justus, Kim und Emilio haben eine Würfelstadt gebaut.
Sie haben für jedes Gebäude 12 Würfel verwendet.

 **1** Baut die Gebäude nach.

2 Welches Gebäude hat Jette gebaut?
Woran erkennst du das? Erkläre den Bauplan.

Ich schreibe die Zahlen in meinen Bauplan.

3 Zeichne in dein Heft und trage wie Jette die Zahlen ein.

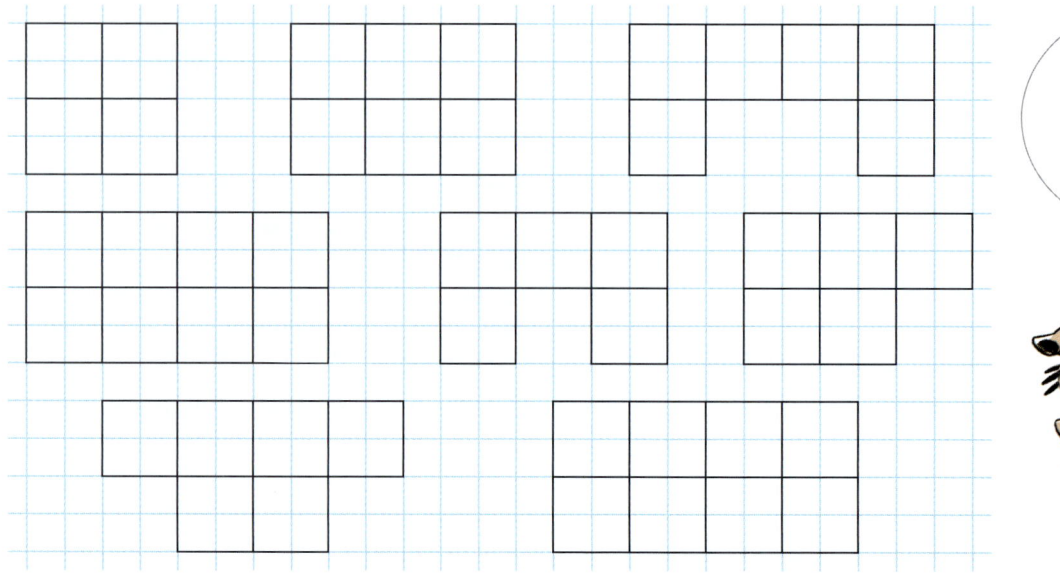

Welche Baupläne gehören zu welchen Gebäuden?

4 Baue hierzu eigene Gebäude.

5 Baue mit 7, 9 oder 13 Würfeln. Finde verschiedene Möglichkeiten.
Zeichne die Baupläne ins Heft.

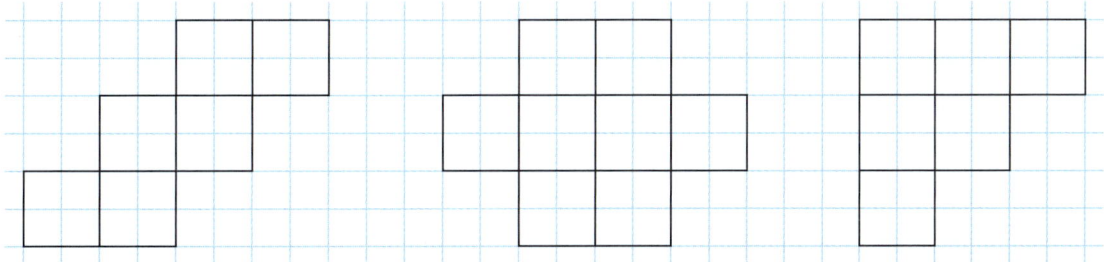

Diesen Bauplan habe ich erfunden.

Erfinde eigene Gebäude und zeichne die Baupläne dazu.

Wie viele Würfel sind das wohl?

Viel zu mühsam, alles zu zählen!

Hilft das?

10	zehn
20	zwan**zig**
30	drei**ß**ig
40	vier**zig**
50	fünf**zig**
60	sech**zig**
70	sieb**zig**
80	acht**zig**
90	neun**zig**
100	hundert

1 So viele Würfel sind es. Wie zählst du sie?

Es sind ___ Würfel.

Wie zählt dein Partner?

2 Wie viele Würfel sind es?

a)

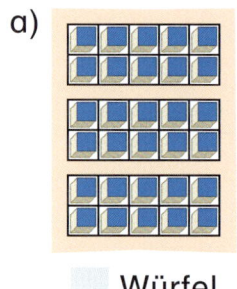

___ Würfel

b)

___ Würfel

c)

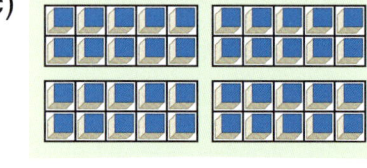

___ Würfel

3 Wie viele Würfel sind es?

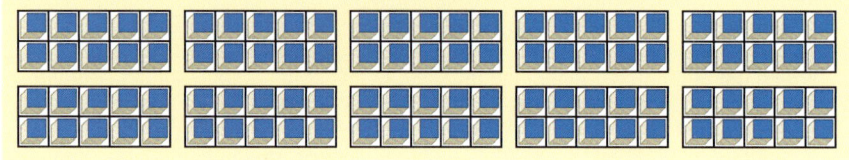

a) 2 Z = 2 0

a) 2 volle Zehnerfelder
b) 9 volle Zehnerfelder
c) 7 volle Zehnerfelder
d) 3 volle Zehnerfelder
e) 5 volle Zehnerfelder
f) 6 volle Zehnerfelder
g) 4 volle Zehnerfelder
h) 10 volle Zehnerfelder

Wie viele Zahlen mit **zig** gibt es eigentlich? Das ist wit**zig**!

Wo hast du noch Zehnerzahlen gesehen? Male.

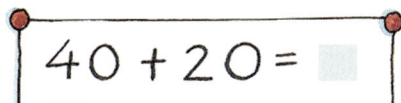

40 + 20?
So große Zahlen!
Das ist schwierig!

Das ist doch gar
nicht so schwierig.
Ich denke an
4 + 2 = 6

1 Findest du die Aufgabe einfach oder schwierig?

4 **Z**ehner	+	2 **Z**ehner	=	6 **Z**ehner
4 0		2 0		6 0

2 Rechne.

a) 4 Z + 2 Z   5 Z + 4 Z   1 Z + 7 Z
    40 + 20   50 + 40   10 + 70

b) 4 Z − 2 Z   5 Z − 4 Z   7 Z − 1 Z
    40 − 20   50 − 40   70 − 10

a) 4 Z + 2 Z = 6 Z
     4 0 + 2 0 = 6 0

3 Rechne.

a) 4 + 3   b) 6 + 2   c) 5 + 4   d) 6 − 3   e) 8 − 5   f) 7 − 4
  40 + 30   60 + 20   50 + 40   60 − 30   80 − 50   70 − 40

4 Rechne.

a) 40 + 30   70 + 20   80 + 20   30 + 50   10 + 80   40 + 40
  60 + 30   60 + 20   60 + 20   30 + 60   10 + 90   30 + 30

b) 80 − 60   90 − 60   70 − 30   60 − 40   90 − 70   100 − 30
  80 − 70   90 − 70   70 − 50   80 − 40   70 − 70   100 − 50

c) 20 + 60   90 − 30   50 + 40   80 − 20   40 + 40   70 − 40
  60 + 20   90 − 40   50 + 50   90 − 20   30 + 40   80 − 40

5 Lange Aufgaben: Rechne.

a) 100 − 50 + 40 − 60 + 50 − 40 =   b) 60 + 20 − 20 − 30 + 20 + 30 − 20 =

c) 100 − 90 + 80 − 80 + 70 − 60 =   d) 0 + 10 + 20 + 30 + 40 − 50 − 50 =

Bilde Aufgaben mit dem Ergebnis 50.

➡ Beilage zum Schülerbuch: Zahlenkarten

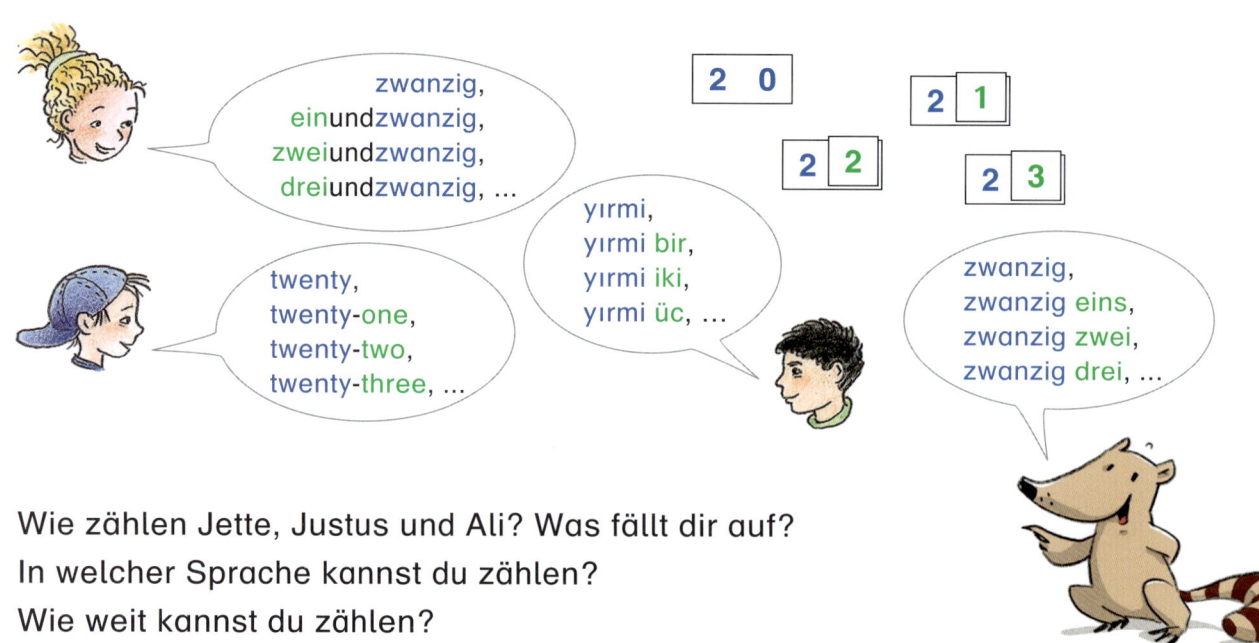

1 Wie zählen Jette, Justus und Ali? Was fällt dir auf?
In welcher Sprache kannst du zählen?
Wie weit kannst du zählen?
Und wie zählt Fredo?

2 Legt wie Jette und Justus.

dreiundzwanzig
Wie schreibt man das?
32 oder 23?

3 Schreibe als Zahlen.

zwei	und	vier**zig**
vier	und	sech**zig**
sechs	und	neun**zig**
neun	und	sech**zig**
drei	und	fünf**zig**
fünf	und	drei**ßig**
sieben	und	acht**zig**
acht	und	sieb**zig**

4 Schreibe als Zahlen.

sechsunddreißig   dreiundsechzig
zweiundsiebzig   siebenundzwanzig
fünfundachtzig   achtundfünfzig
neunundvierzig   vierundneunzig
vierundachtzig   achtundsiebzig

Ich **spreche** zuerst die **5**:
fünfund**dreißig**
Aber ich **schreibe** zuerst die **3**:
3 5

➡ Beilage zum Schülerbuch: Zahlenkarten

Bündeln: Immer 10 zusammen

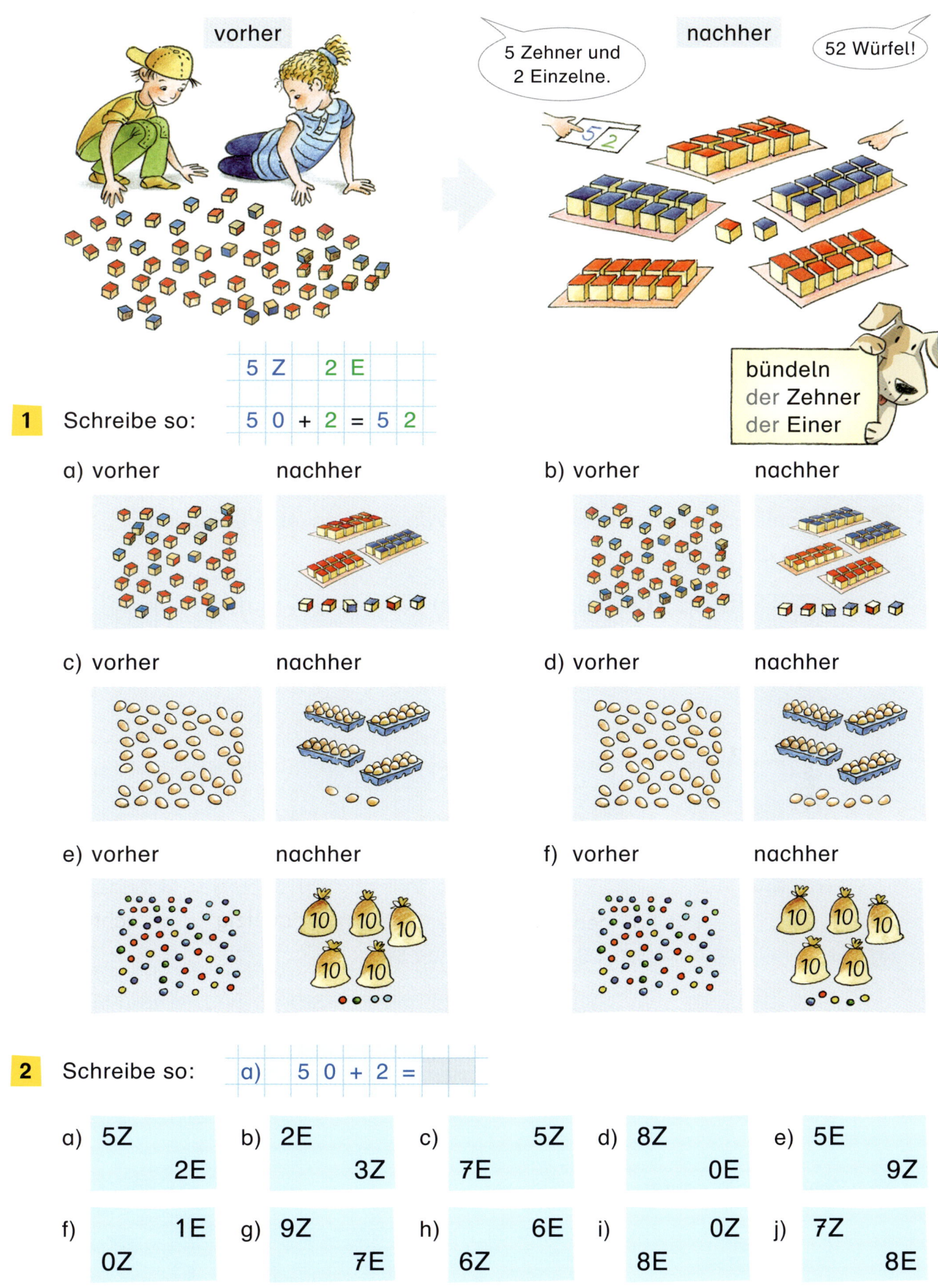

vorher

nachher

5 Zehner und 2 Einzelne.

52 Würfel!

5 Z	2 E

1 Schreibe so: 50 + 2 = 52

bündeln
der **Zehner**
der **Einer**

a) vorher   nachher   b) vorher   nachher

c) vorher   nachher   d) vorher   nachher

e) vorher   nachher   f) vorher   nachher

2 Schreibe so: a)   50 + 2 =

a) 5Z
   2E

b) 2E
   3Z

c)   5Z
   7E

d) 8Z
      0E

e) 5E
      9Z

f)   1E
   0Z

g) 9Z
      7E

h)   6E
   6Z

i)   0Z
   8E

j) 7Z
      8E

3 Male 100 Kästchen in deinem Heft aus.

Hast du wirklich 100 Kästchen ausgemalt?

Na klar, das sieht man doch sofort!

 1 Überprüfe:

Hat Jette wirklich 100 Kästchen ausgemalt?

Hat Justus wirklich 100 Kästchen ausgemalt?

Bei wem kannst du das schneller überprüfen? Warum?

2 Wie viele volle Zehnerreihen sind es? Wie viele einzelne Kästchen sind in der „angeknabberten" Reihe?

a) 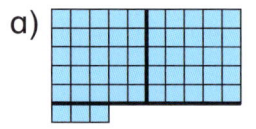 b) 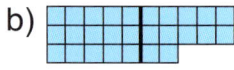 c) 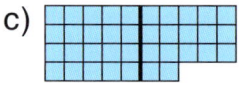 d)

5 0 + 3 = 5 3

e) 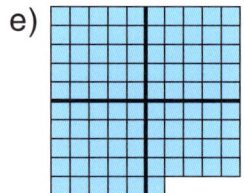 f) 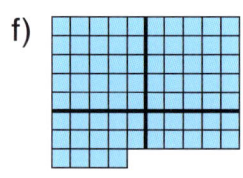 g) 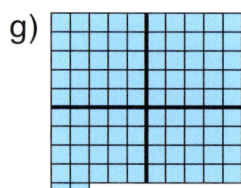 h)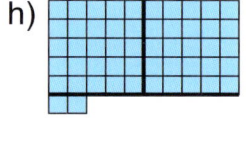

3 Lege mit Zahlenkarten. [3] [2]   Schreibe so: a)   3 0 + 2 = 3 2

a) 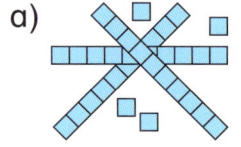 b) 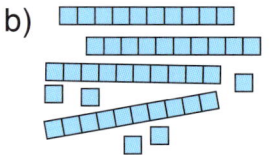 c) 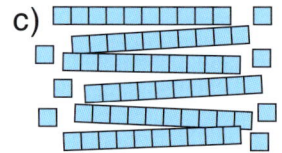 d)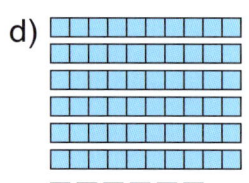

4 Schreibe die Zahlen.

a)   b)   c)

➡ Beilagen zum Schülerbuch: Hunderterfeld, Zahlenkarten

5 Zerlege in Zehnerzahlen und Einerzahlen.

$$\boxed{3\ 4} = \boxed{3\ 0} + \boxed{4}$$

a) $3\ 4 = 3\ 0 + 4$

a) 34, 45, 56, 67, 78 b) 44, 99, 66, 22, 55 c) 65, 56, 83, 38

6 Aufgabenpaare: Rechne. Was fällt dir auf?

a) 40 + 7   b) 60 + 3   c) 80 + 2   d) 20 + 9   e) 50 + 1   f) 70 + 6
   70 + 4   30 + 6   20 + 8   90 + 2   10 + 5   60 + 7

7 Bilde selbst Aufgabenpaare wie bei Aufgabe 6.

8 Welche Zahlen sind das? Ordne zu. Erkläre Fredos Geheimschrift.

Meine Geheimschrift für Zahlen!

a) $\boxed{3\ 2}$ $\boxed{2\ 3}$ $\boxed{3\ 5}$ $\boxed{5\ 3}$ $\boxed{7\ 6}$ $\boxed{6\ 7}$ a) $2\ 3$

9 Zeichne wie Fredo: 63   36   64   46   72   27   55

10 Finde die passende Aufgabe und rechne.

a) $3\ 2 + 1\ 0 =$

a)

b)

11 Rechne.

a) 32 + 10   b) 32 + 1   c) 58 − 10   d) 58 − 1   e) 34 + 20   f) 68 − 3
   32 + 20   32 + 2   58 − 20   58 − 2   36 + 20   49 − 20
   32 + 30   32 + 3   58 − 30   58 − 3   48 + 30   57 − 5
   32 + 40   32 + 4   58 − 40   58 − 4   17 + 3   76 − 40

27

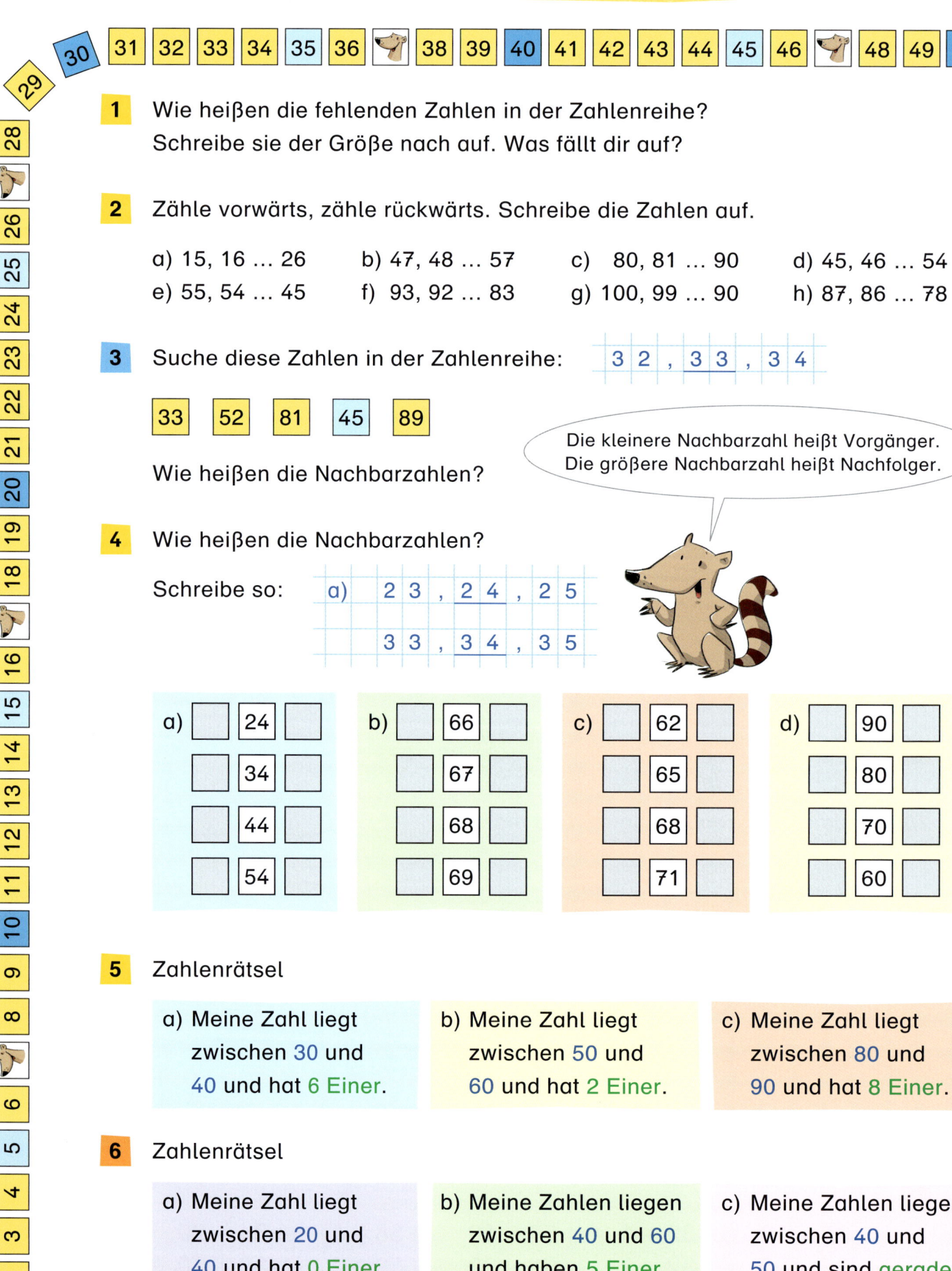

| 29 | 30 | 31 | 32 | 33 | 34 | 35 | 36 | 🐾 | 38 | 39 | 40 | 41 | 42 | 43 | 44 | 45 | 46 | 🐾 | 48 | 49 | 50 |

1 Wie heißen die fehlenden Zahlen in der Zahlenreihe?
Schreibe sie der Größe nach auf. Was fällt dir auf?

2 Zähle vorwärts, zähle rückwärts. Schreibe die Zahlen auf.

a) 15, 16 … 26   b) 47, 48 … 57   c) 80, 81 … 90   d) 45, 46 … 54
e) 55, 54 … 45   f) 93, 92 … 83   g) 100, 99 … 90   h) 87, 86 … 78

3 Suche diese Zahlen in der Zahlenreihe: 3 2 , 3 3 , 3 4

33   52   81   45   89

Wie heißen die Nachbarzahlen?

> Die kleinere Nachbarzahl heißt Vorgänger.
> Die größere Nachbarzahl heißt Nachfolger.

4 Wie heißen die Nachbarzahlen?

Schreibe so: a)   2 3 , 2 4 , 2 5
                3 3 , 3 4 , 3 5

a) ☐ 24 ☐ / ☐ 34 ☐ / ☐ 44 ☐ / ☐ 54 ☐

b) ☐ 66 ☐ / ☐ 67 ☐ / ☐ 68 ☐ / ☐ 69 ☐

c) ☐ 62 ☐ / ☐ 65 ☐ / ☐ 68 ☐ / ☐ 71 ☐

d) ☐ 90 ☐ / ☐ 80 ☐ / ☐ 70 ☐ / ☐ 60 ☐

5 Zahlenrätsel

a) Meine Zahl liegt zwischen 30 und 40 und hat 6 Einer.

b) Meine Zahl liegt zwischen 50 und 60 und hat 2 Einer.

c) Meine Zahl liegt zwischen 80 und 90 und hat 8 Einer.

6 Zahlenrätsel

a) Meine Zahl liegt zwischen 20 und 40 und hat 0 Einer.

b) Meine Zahlen liegen zwischen 40 und 60 und haben 5 Einer.

c) Meine Zahlen liegen zwischen 40 und 50 und sind gerade.

📖 Erfinde eigene Zahlenrätsel für eine Rätselkartei.

| 51 | 52 | 53 | 54 | 55 | 56 | 🐾 | 58 | 59 | 60 | 61 | 62 | 63 | 64 | 65 | 66 | 🐾 | 68 | 69 | 70 | 71 | 72 |

7 Suche diese Zahlen in der Zahlenreihe:

| 24 | 58 | 43 | 85 | 61 |

Wie heißen die Nachbar-Zehner?

2 0 , 2 4 , 3 0

> die Nachbarzahl
> der Vorgänger
> der Nachfolger
> der Nachbar-Zehner
> liegt zwischen

8 Wie heißen die Nachbar-Zehner?

a) 50 57 60
      53
      59

b) 46
    76
    26

c) 34
    45
    56

d) 68
    86
    47

9 Kreise bei Aufgabe 8 den Zehner ein, der näher an der Zahl liegt.

a) 5 0 , 5 7 , (6 0)

10 Zahlen stechen

Ihr braucht 20 Zahlenkarten. Jeder deckt eine Zahlenkarte auf. Vergleicht! Die größere (oder kleinere) Zahl gewinnt. Sieger ist, wer am Schluss die meisten Karten hat.

Größer!
Ich bekomme beide Karten.

11 Vergleiche: > oder <. Schreibe so: a) 2 4 < 4 2

a) 24 ◯ 42
   36 ◯ 63
   52 ◯ 25

b) 67 ◯ 76
   74 ◯ 47
   89 ◯ 98

c) 47 ◯ 67
   93 ◯ 73
   82 ◯ 52

d) 78 ◯ 71
   43 ◯ 45
   67 ◯ 64

12 Schreibe die Zahlen auf.

a) Finde Zahlen, bei denen der Einer um 2 größer ist als der Zehner.

b) Finde Zahlen, bei denen der Einer doppelt so groß ist wie der Zehner.

| 73 | 74 | 75 | 76 | 🐿 | 78 | 79 | 80 | 81 | 82 | 83 | 84 | 85 | 86 | 🐿 | 88 | 89 | 90 | 91 | 92 | 93 | 94 | 95 | 96 | 🐿 | 98 | 99 | 100 |

1 Vergleiche die beiden Hunderterfelder. Was hat sich verändert? Erkläre.

| 5 | 0 |
| 5 | 0 |

100 = 50 + 50

| 5 | 8 |
| 4 | 2 |

100 = 58 + 42

2 Zerlege.

a)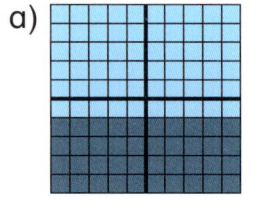

100 = 60 + ■

b)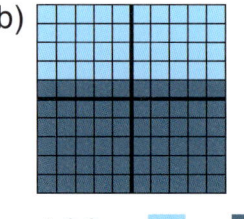

100 = ■ + ■

c)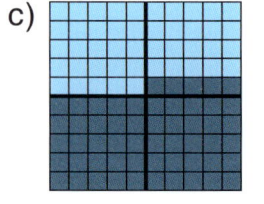

100 = ■ + ■

d)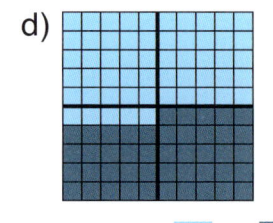

100 = ■ + ■

3 Von einfachen zu schwierigen Aufgaben
Zerlege das Hunderterfeld mit dem Abdeckwinkel.

a) 100 = 51 +
100 = 50 + 50
100 = 49 +

b) 100 = 72 +
100 = 70 +
100 = 68 +

c) 100 = 43 +
100 = 40 +
100 = 37 +

d) 100 = 84 +
100 = 80 +
100 = 76 +

4 Wie musst du den Abdeckwinkel verschieben?
Nach links, rechts, oben oder unten? Zerlege und setze fort.

a) 100 = 26 +
100 = 46 +
100 = 66 +
100 = +

b) 100 = 82 +
100 = 84 +
100 = 86 +
100 = +

c) 100 = 79 +
100 = 76 +
100 = 73 +
100 = +

d) 100 = 93 +
100 = 63 +
100 = 33 +
100 = +

Zerlege das Hunderterfeld mit dem Abdeckwinkel.
Schreibe die Zerlegungsaufgaben auf.

Beilage zum Schülerbuch: Hunderterfeld

1 Zerlege. Vergleiche die Aufgaben. Was fällt dir auf?

a)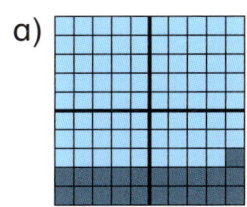
100 = 79 + 21

b)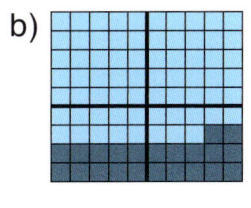
90 = ☐ + ☐

c)
☐ = ☐ + ☐

d)
☐ = ☐ + ☐

e)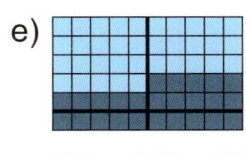
☐ = ☐ + ☐

f)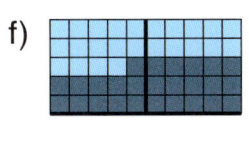
☐ = ☐ + ☐

g)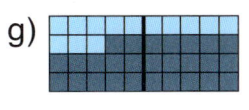
☐ = ☐ + ☐

h)
☐ = ☐ + ☐

2 Von einfachen zu schwierigen Aufgaben

a) 40 = 21 + ☐
40 = 20 + 20
40 = 19 + ☐

b) 40 = 12 + ☐
40 = 10 + ☐
40 = 8 + ☐

c) 70 = 31 + ☐
70 = 30 + ☐
70 = 29 + ☐

d) 70 = 52 + ☐
70 = 50 + ☐
70 = 48 + ☐

3 Zerlege. Setze fort. Was fällt dir auf?

a) 80 = 46 + ☐
80 = 36 + ☐
80 = 26 + ☐
80 = ☐ + ☐

b) 70 = 23 + ☐
70 = 25 + ☐
70 = 27 + ☐
70 = ☐ + ☐

c) 70 = 34 + ☐
60 = 34 + ☐
50 = 34 + ☐
☐ = ☐ + ☐

d) 30 = 19 + ☐
50 = 39 + ☐
70 = 59 + ☐
☐ = ☐ + ☐

📓 Finde Zerlegungsaufgaben zu den Zahlen 50 und 90. Schreibe sie auf.

4 Wie heißen die Zerlegungsaufgaben?

a)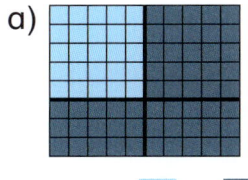
80 = ☐ + ☐

b)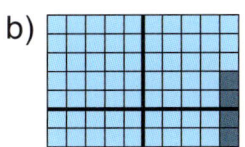
70 = ☐ + ☐

c)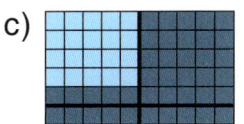
60 = ☐ + ☐

d)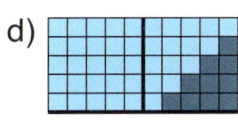
50 = ☐ + ☐

e)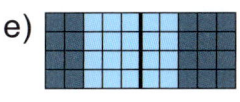
40 = ☐ + ☐

f)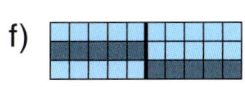
30 = ☐ + ☐

g)
20 = ☐ + ☐

5 Wie könnte es weitergehen?
Trage die fehlenden Zahlen in eine Hundertertafel ein.

1	2	3	4	5	6	7	8	9	10
11	12	13	14	15	16	17	18	19	20

1	2	3	4	5	6	7	8	9	10
11	12	13	14	15	16	17	18	19	20

Das kennen wir schon aus dem ersten Schuljahr.

So geht es weiter.

1	2	3	4	5	6	7	8	9	10
11	12	13	14	15	16	17	18	19	20
21	22	23	24	25	26	27	28	29	30
31	32	33	34	35	36	37	38	39	40
41	42	43	44	45	46	47	48	49	50
51	52	53	54	55	56	57	58	59	60
61	62	63	64	65	66	67	68	69	70
71	72	73	74	75	76	77	78	79	80
81	82	83	84	85	86	87	88	89	90
91	92	93	94	95	96	97	98	99	100

(34) Zahl   (3)(4) Ziffern

nebeneinander
untereinander
in einer Zeile
in einer Spalte
die Einerstelle
die Zehnerstelle

1 Vergleiche die beiden Zahlentafeln.

2 Erforsche die Hundertertafel. Suche diese Zahlen: 41, 42, 43, 44, 45.
Was stellst du fest? Schreibe die **richtigen** Sätze in dein Heft.

Die Zahlen stehen nebeneinander.

Die Zahlen stehen untereinander.

Die Zahlen werden immer um 10 größer.

Alle Zahlen haben 4 Zehner.

Die Zahlen werden immer um 1 größer.

3 Erforsche die Hundertertafel.
Finde zu jedem Satz fünf passende Zahlen.

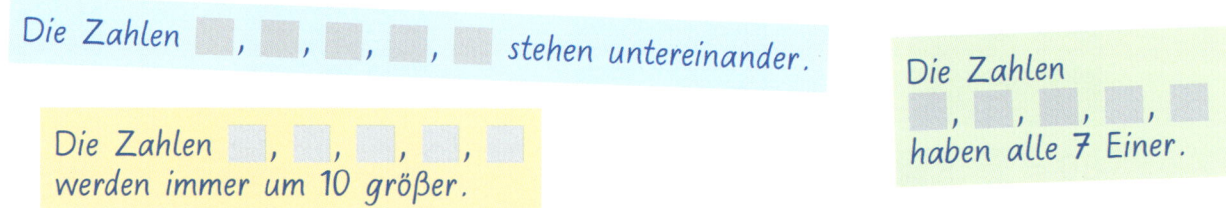

Die Zahlen ▢, ▢, ▢, ▢, ▢ stehen untereinander.

Die Zahlen ▢, ▢, ▢, ▢, ▢ haben alle 7 Einer.

Die Zahlen ▢, ▢, ▢, ▢, ▢ werden immer um 10 größer.

Vergleiche mit einem Partner. Habt ihr die gleichen Zahlen?

Findest du das heraus, ohne zu zählen?

4 a) Wie oft kommt die Ziffer 9 auf der Hundertertafel vor?
b) Wie viele Ziffern gibt es insgesamt auf der Hundertertafel?

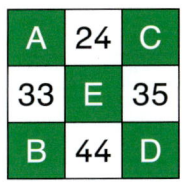
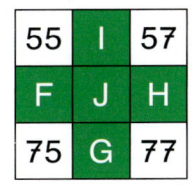
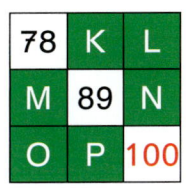
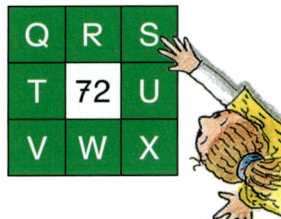

A	24	C
33	E	35
B	44	D

55	I	57
F	J	H
75	G	77

78	K	L
M	89	N
O	P	100

Q	R	S
T	72	U
V	W	X

5 Welche Zahlen hat Jette versteckt?

 6 Spielt „Zahlen verstecken" an der Hundertertafel.

7 Wie heißen die fehlenden Zahlen?

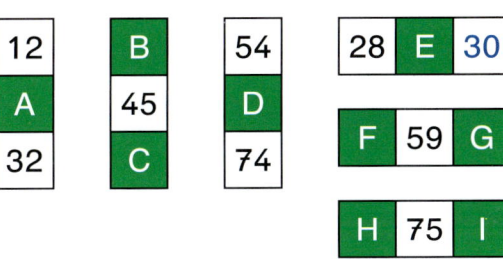

| 12 |
| A |
| 32 |

| B |
| 45 |
| C |

| 54 |
| D |
| 74 |

| 28 | E | 30 |

| F | 59 | G |

| H | 75 | I |

8 Wie heißen die fehlenden Zahlen?

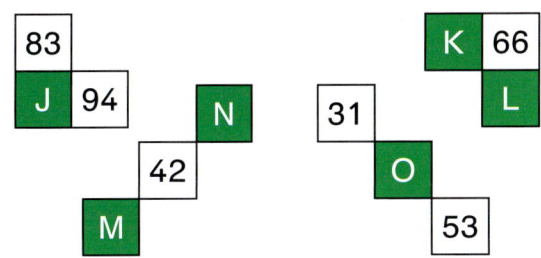

9 Schreibe die Zahlen auf.

a) alle Zahlen in der fünften Zeile

b) alle Zahlen in der vierten Spalte

c) alle Zahlen in der achten Zeile

d) alle Zahlen mit 3 Einern

e) alle Zahlen mit 9 Zehnern

f) alle Zahlen mit 0 Einern

10 Schreibe die Zahlen auf.

a) Meine Zahl steht in der dritten Spalte und in der dritten Zeile.

b) Meine Zahl steht in der fünften Zeile und in der achten Spalte.

c) Meine Zahl steht in der vierten Zeile und hat 6 Einer.

11 Schreibe die Zahlen auf.

a) Bei welchen Zahlen sind die Einer um 2 kleiner als die Zehner?

b) Bei welchen Zahlen sind die Zehner doppelt so groß wie die Einer?

Schreibe selbst Zahlenrätsel wie Jette und Justus. Stelle sie einem Partner.

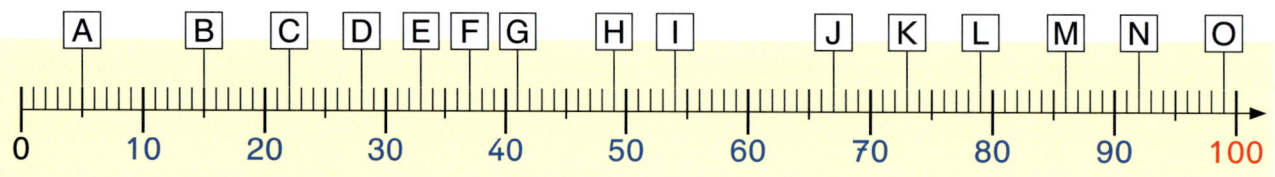

 1 Beschreibe den Zahlenstrahl.

2 Welche Zahlen sind es? Schreibe so:

A: 5

B:

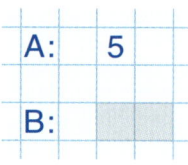

Wo kommt denn diese Zahl hin?

101

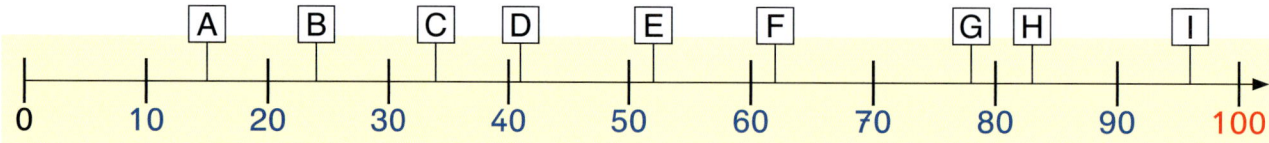

3 Welche Zahlen könnten es sein?

4 **Vor** und **zurück** zum Nachbar-Zehner

a) 36 + ☐ = 40
   36 − ☐ = 30

b) 74 + ☐ = 80
   74 − ☐ = 70

c) 58 + ☐ = 60
   58 − ☐ = 50

d) 82 + ☐ = 90
   82 − ☐ = 80

5 **Vor** und **zurück** zum Nachbar-Zehner

a) 56 + ☐ = ☐
   56 − ☐ = ☐

b) 24 + ☐ = ☐
   24 − ☐ = ☐

c) 31 + ☐ = ☐
   31 − ☐ = ☐

d) ☐ + ☐ = ☐
   ☐ − ☐ = ☐

6 **Vor** und **zurück** am Zahlenstrahl

a) in Zehnersprüngen:
   7, 17 … 97   93, 83 … 3

b) in Zwanzigersprüngen:
   4, 24 … 84   97, 77 … 17

c) in Fünfersprüngen:
   20, 25 … 50   100, 95 … 50

d) in Zweiersprüngen:
   32, 34 … 50   80, 78 … 60

7 a) Elfersprünge: 1, 12 …

b) Neunersprünge: 100, 91 …

Rechenstrich

1 a) Immer in Sprüngen **vorwärts** bis 70

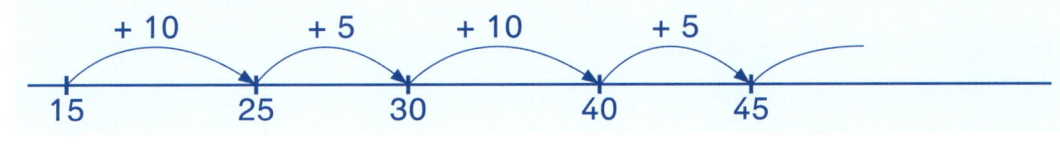

b) Immer in Sprüngen **zurück** bis 54

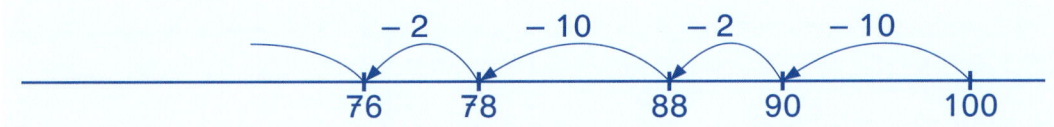

2 a) Mit zwei Sprüngen **vorwärts**: Was fällt dir auf?

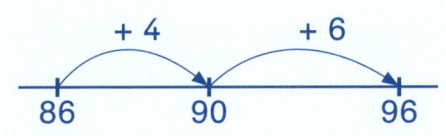

86 + 4 + 6	47 + 3 + 3	75 + 5 + 10
76 + 4 + 7	46 + 4 + 2	64 + 6 + 10
66 + 4 + 8	45 + 5 + 1	53 + 7 + 10

b) Mit zwei Sprüngen **zurück**: Was fällt dir auf?

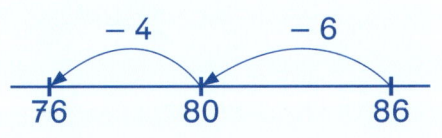

86 − 6 − 4	47 − 7 − 1	75 − 5 − 10
76 − 6 − 5	46 − 6 − 2	64 − 4 − 10
66 − 6 − 6	45 − 5 − 3	53 − 3 − 10

c) Zwei kleine Sprünge – ein großer Sprung: Was fällt dir auf?

56 + 4 + 3	47 + 3 + 6	82 + 8 + 1	75 + 5 + 2	28 + 2 + 2
56 + 7	47 + 9	82 + 9	75 + ▢	28 + ▢

73 − 3 − 1	82 − 2 − 2	64 − 4 − 1	85 − 5 − 3	31 − 1 − 3
73 − 4	82 − 4	64 − 5	85 − ▢	31 − ▢

3 Kleine und große Sprünge: Was fällt dir auf?

a) 42 + 20 + 6   b) 64 + 30 + 4   c) 48 − 20 − 2   d) 69 − 30 − 4

    42 + 6 + 20   64 + 4 + 30   48 − 2 − 20   69 − 4 − 30

e) Bilde selbst ähnliche Aufgabenpaare.

4 Springe auf diesem Rechenstrich immer mit
zwei Sprüngen. Finde verschiedene Möglichkeiten.

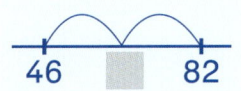

Mache immer zwei Sprünge auf dem Rechenstrich.

35

die **Figur**
die **Faltlinie**
die **Mittellinie**
die **Diagonale**
das **Dreieck**

1 Falte ein Quadrat so:
Zerschneide es entlang der
Faltlinien in acht Dreiecke.

10 cm

Dies ist
mein Haus.
Kannst du es
nachlegen?

2 a) Lege mit deinen Dreiecken die folgenden Häuser nach.
Wie viele Dreiecke brauchst du für jedes Haus?

b) Vergleiche mit einem Partner.
Habt ihr immer gleich viele Dreiecke gebraucht?

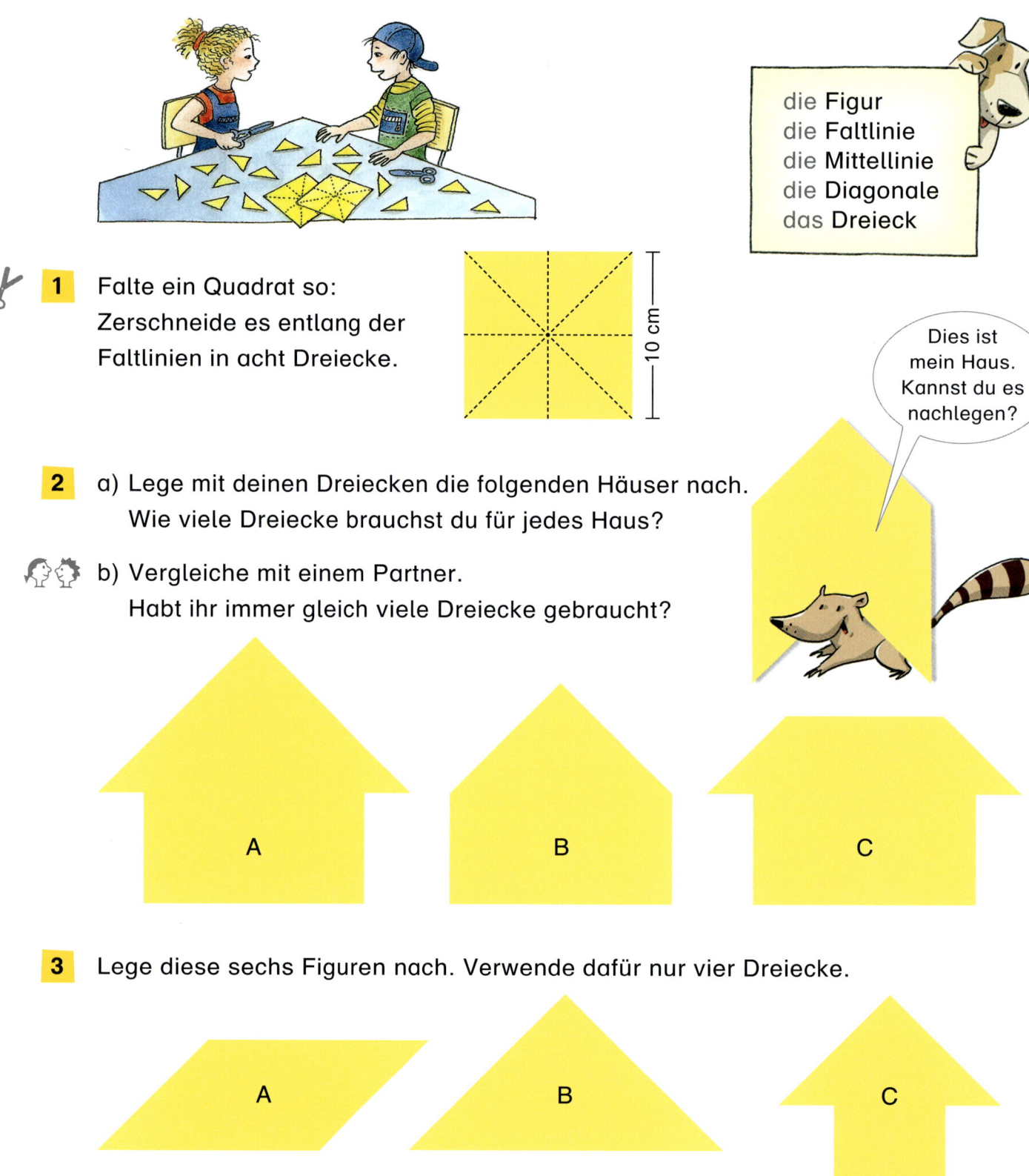

A

B

C

3 Lege diese sechs Figuren nach. Verwende dafür nur vier Dreiecke.

A

B

C

D

E

F

4 Kannst du die Figuren von Aufgabe 3 auch mit acht Dreiecken legen?

5 Lege die Figuren mit deinen Dreiecken aus.
Für welche Figur brauchst du mehr Dreiecke?

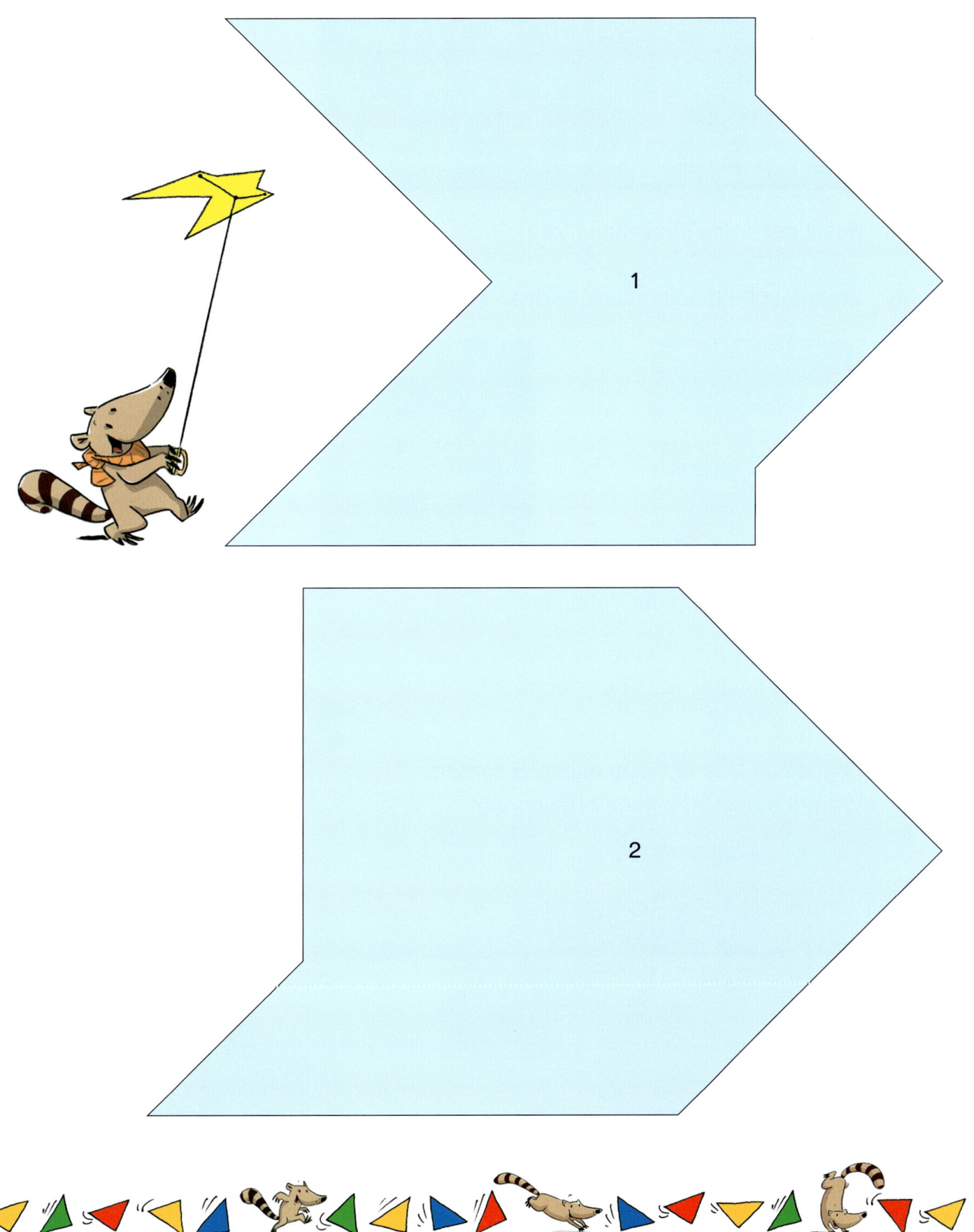

das Quadrat
das Rechteck
die Faltlinie
ohne Lücke
wiederholt sich
die Ausgangsfigur

1 Beschreibe das Fliesenmuster.

2 Stellt aus Faltpapier diese Formen her. Faltet die Quadrate so:

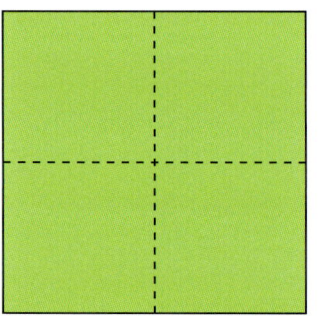 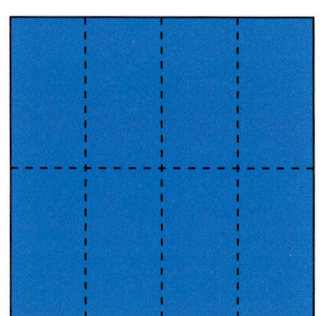 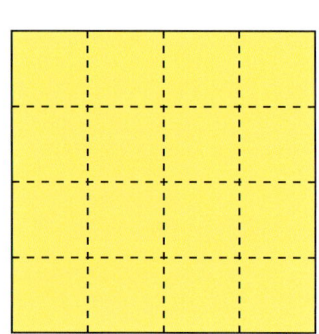

 Schneidet entlang der Faltlinien.

3 Legt das Muster von oben nach.

So nicht!

4 Legt diese Muster nach und setzt sie fort.
Worauf müsst ihr achten? Beschreibt.

A

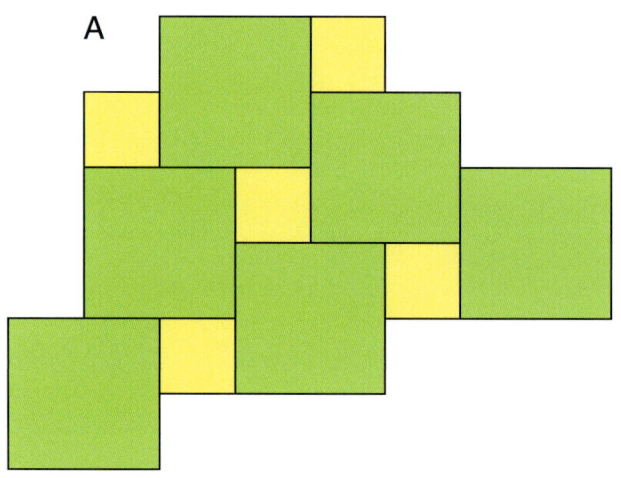

B

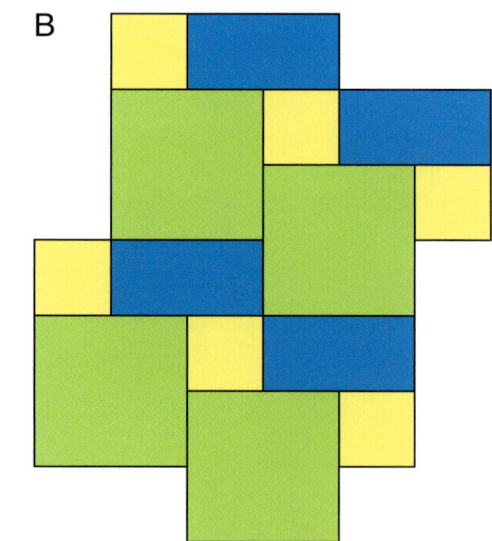

5 Lege eigene Muster. Beschreibe.

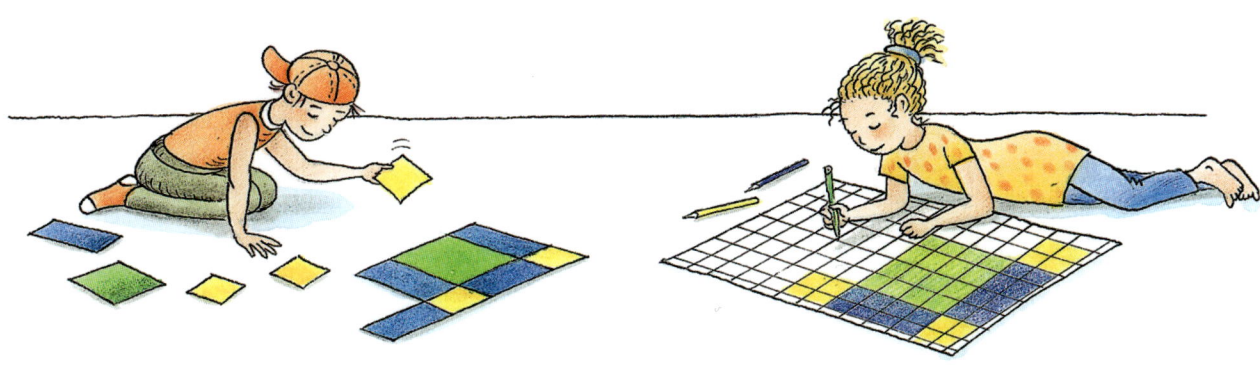

6 Justus und Jette haben dieses Muster begonnen.
Lege es nach und zeichne es auf Karopapier.

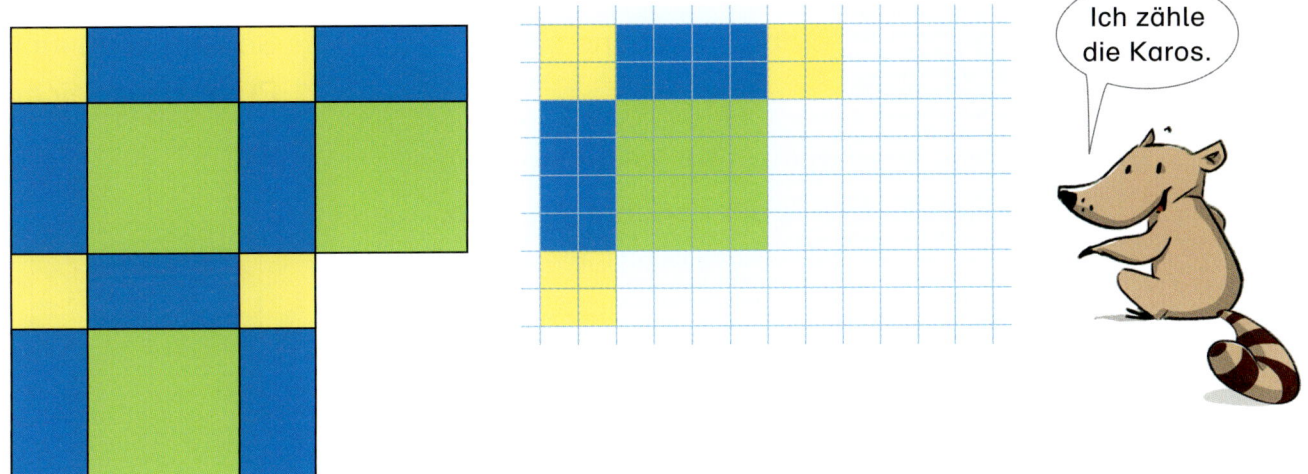

Ich zähle die Karos.

7 Suche dir zwei Muster aus. Lege und zeichne sie.

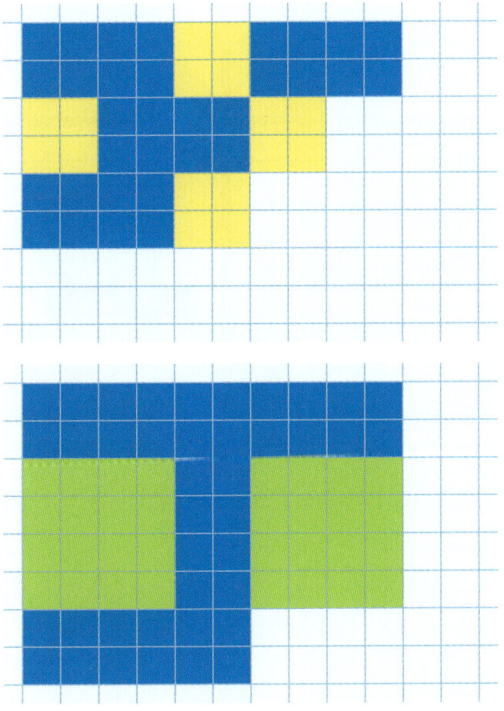

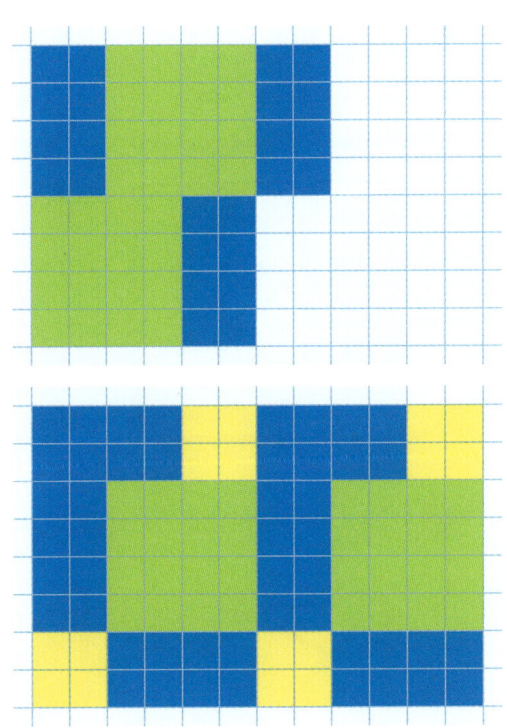

 8 Zeichne eigene Muster. Ein Partner legt sie nach.

Geobrett: Figuren spannen

das Geobrett
das Punktefeld
die Formen
spannen
zerlegen

1 a) Erfinde eigene Figuren und spanne sie auf deinem Geobrett.

b) Wähle zwei Figuren aus und zeichne sie auf ein Punktefeld. Ein Partner spannt sie nach.

So kannst du im Heft ein Punktefeld zeichnen:

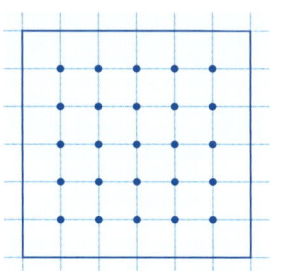

2 Jette und Justus haben auch diese Figuren gespannt. Spanne sie nach.

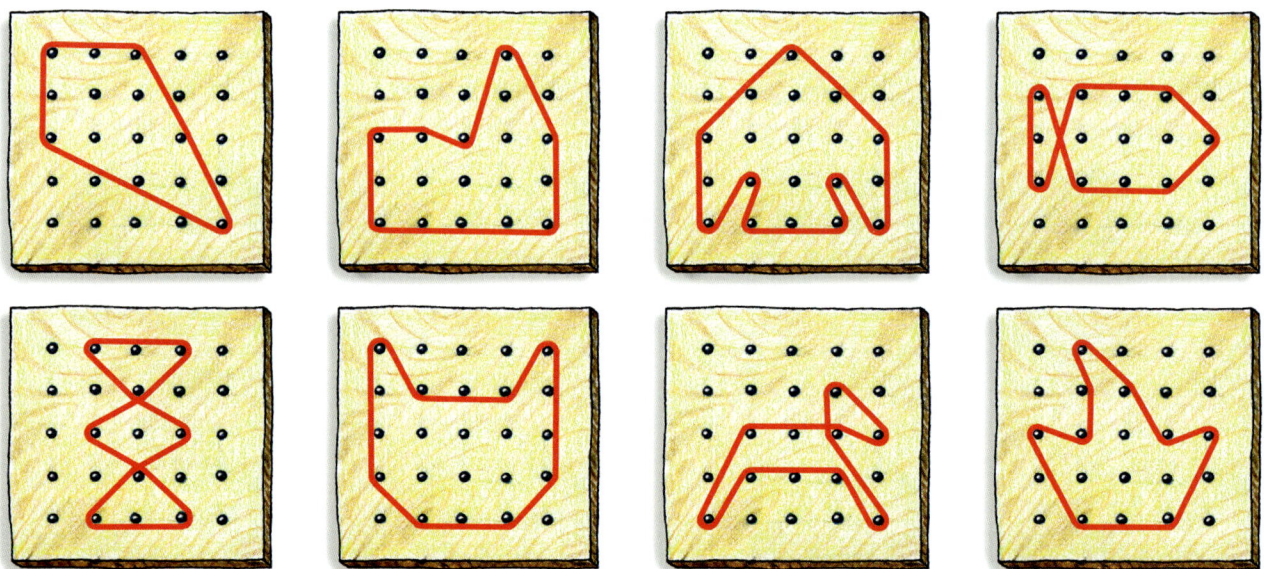

3 Spanne diese Figuren auf dem Geobrett. Zeichne deine Lösung auf ein Punktefeld.

Geobrett: Flächenformen spannen

1 Wie heißen diese Formen? Spanne sie nach.

a)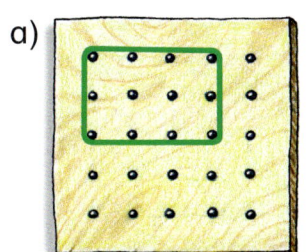
b)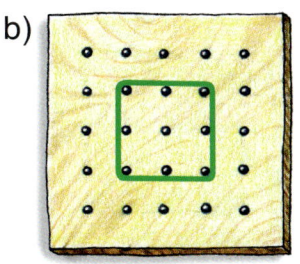
c)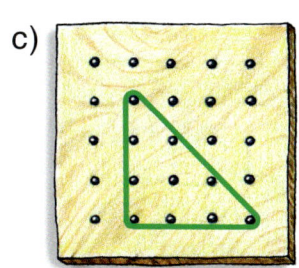

Spanne doch mal einen Kreis!

2 Spanne diese Dreiecke nach.

a)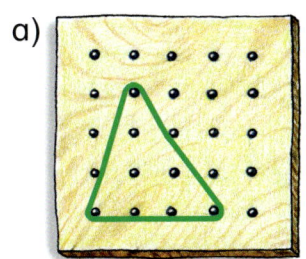
b)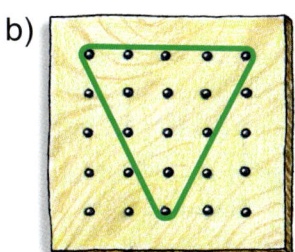
c)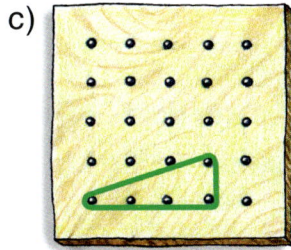
d)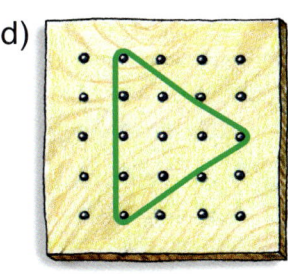

Finde noch weitere Dreiecke. Zeichne sie auf ein Punktefeld.

3 Formen zerlegen

Aus einem Rechteck werden zwei Quadrate:

 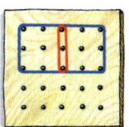

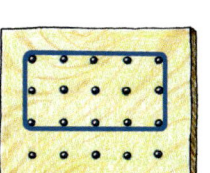

a) Zerlege in 2 Rechtecke.
   … in 4 Rechtecke.

Wie viele rote Gummiringe brauchst du jeweils?

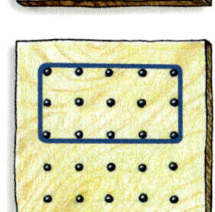

b) Zerlege in 2 Dreiecke.
   … in 4 Dreiecke.

4 Zerlege in Dreiecke. Zeichne deine Lösung auf ein Punktefeld.

a) in 8 △
b) in 4 △
c) in 6 △
d) in ▢ △
e) in ▢ △

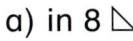
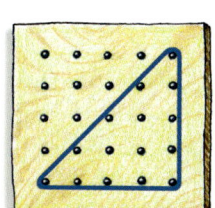
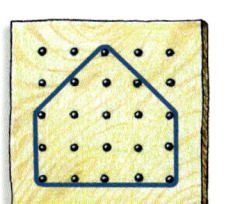
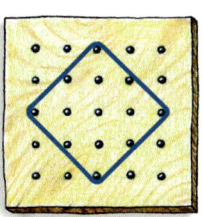
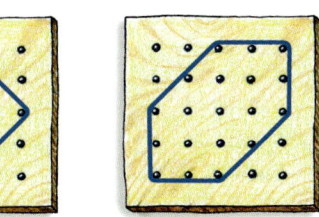

1 Sortiere die Münzen deines Rechengeldes.
Wie viele unterschiedliche Münzen gibt es? Ordne sie nach ihrem Wert.

📓 Wie sehen die Euromünzen anderer Länder aus? Informiere dich.

2 Wie viel Cent sind es?

a)    b)    c)

d)    e)    f)

3 Wie viel Cent sind es?

100 ct = 1 €

a)    b)

c)    d)

e)    f)

4 Immer fünf Cent-Münzen:
Wie viel Geld kann es sein?
Welches ist der niedrigste und
welches der höchste Geldbetrag?

der Geldbetrag
der Geldschein
die Münze

gleich viel wert wie

Ich wechsle 1 € in zwei
50-ct-Münzen.

📓 Kannst du 1 € mit 1, 2, 3, 4, 5, 6, 7, 8, 9, 10 …
Münzen legen? Probiere und zeichne.

→ Beilage zum Schülerbuch: Rechengeld

5 Sortiere deine Geldscheine. Wie viele unterschiedliche Scheine gibt es?
Ordne sie nach ihrem Wert.

6 Wie viel Euro sind es?

a)

b)

c)

d)

7 Wie viel Euro und Cent sind es?

a)

b)

c)

d)

8 a) Immer 50 € in Scheinen: Finde verschiedene Möglichkeiten. Zeichne.

b) Vergleiche mit einem Partner.
Wie viele verschiedene Möglichkeiten habt ihr gefunden?

9 Ist das möglich? Probiere und zeichne.

a) Ich habe fünf Münzen. Es sind 60 ct.

b) Ich bezahle 20 ct mit drei Münzen.

c) Ich bezahle 5 € mit zwei Münzen.

d) Ich habe drei Scheine. Es sind 50 €.

Kannst du 100 € mit 1, 2, 3, 4, 5, 6, 7, 8, 9, 10 … Scheinen legen?
Probiere und zeichne.

1 Jeder braucht:

Spielt wie Justus und Jette. Legt Geldbeträge mit zwei oder drei Scheinen.

2 Immer zwei **gleiche** Scheine: Probiere mit deinem Rechengeld und zeichne.

3 Immer drei **gleiche** Scheine: Probiere mit deinem Rechengeld und zeichne.

4 Immer drei **verschiedene** Scheine: Probiere mit deinem Rechengeld und zeichne.

5 Wie viel Geld hat jedes Kind? Notiere.

a) Tim und Anna haben zusammen 80 €. Tim hat 20 € weniger als Anna.

b) Susi und Tobi haben zusammen 90 €. Susi hat doppelt so viel € wie Tobi.

Einkaufen

65 ct   95 ct   47 ct

55 ct   70 ct   40 ct

28 ct

2,20 €   1,75 €   1,50 €   1,15 €   1,90 €   2,00 €

1 a) Ordne die Brötchenpreise nach der Größe.

Schreibe so: `2 8 c t <     c t <     c t ...`

b) Ordne die Kuchenpreise nach der Größe.

Schreibe so: `1 , 1 5 € <     € ...`

Das Komma trennt
Euro und Cent.
1,15 € = 1 € 15 ct

2 a) Schreibe die Kuchenpreise in Euro und Cent auf.

Schreibe so: `2 , 2 0 € = 2 € 2 0 c t`

b) Schreibe die Brötchenpreise mit Komma auf.

Schreibe so: `0 € 2 8 c t = 0 , 2 8 €`

der Preis
das Rückgeld

3 Bezahle jeweils mit 1 €.
Wie viel bekommst du zurück?

a)    b)

c)    d)

`a)    4 0 c t +     c t = 1 0 0 c t`

4 Bezahle jeweils mit 5 €.
Wie viel bekommst du zurück?

a)  b)   c)

d)  e)  f)

`a)    2 € +     € = 5 €`

Laura hat diese Mauern gebaut.

 1 Vermute: Von welcher Farbe wurden die meisten Steine verbaut?

Vermute: Von welcher Farbe wurden die wenigsten Steine verbaut?

2 Zähle die Steine.

Trage die Anzahlen in eine Tabelle ein.

	rot	gelb	blau	grün
Anzahl				

3 Jette möchte die drei Mauern nachbauen.

Sie hat so viele Steine:

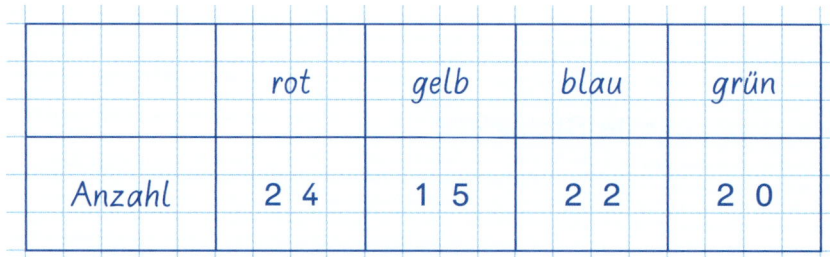

	rot	gelb	blau	grün
Anzahl	2 4	1 5	2 2	2 0

Beantworte folgende Fragen:

a) Hat Jette genug blaue Steine?

b) Wie viele rote Steine hat Jette übrig?

c) Wie viele gelbe Steine fehlen Jette?

d) Hat Jette grüne Steine übrig?

Justus hat genauso viele Bausteine wie Jette.
Er hat damit farbige Türme gebaut und dazu
ein Säulendiagramm gezeichnet.

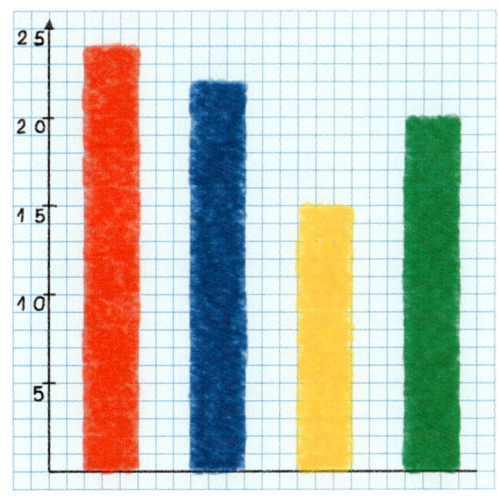

4 Richtig oder falsch?

a) Justus hat mehr blaue als rote Steine.
b) Justus hat weniger grüne als blaue Steine.
c) Er hat gleich viele rote und gelbe Steine.
d) Die meisten Steine von Justus sind rot.

die Tabelle
das Säulendiagramm

5 Tabelle oder Säulendiagramm?
Wo kannst du die Antwort schneller ablesen? Begründe.

a) Von welcher Farbe haben Jette und Justus die meisten Steine?

b) Von welcher Farbe haben sie die wenigsten Steine?

c) Wie viele blaue Steine haben sie?

d) Wie viele gelbe Steine haben sie?

e) Haben sie mehr grüne oder mehr rote Steine?

f) Wie viele Steine haben sie insgesamt?

6 Ali hat seine Steine auch gezählt. Zeichne ein Säulendiagramm.

	rot	gelb	blau	grün
Anzahl	1 7	7	1 3	9

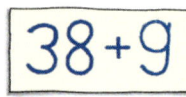

38 + 9

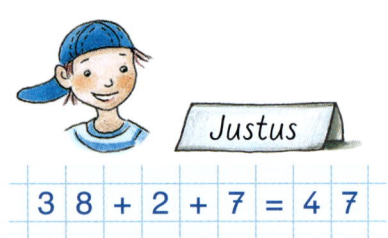

Justus

| 3 | 8 | + | 2 | + | 7 | = | 4 | 7 |

Jette

| 3 | 0 | + | 1 | 7 | = | 4 | 7 |

Kim

| 3 | 8 | + | 1 | 0 | − | 1 | = | 4 | 7 |

1 Erkläre die Rechenwege. Ist dein Rechenweg dabei?

2 Wer hat hier seinen Rechenweg erklärt?

1.
> Ich lege zuerst die beiden Zahlen 38 und 9.

2.
> Ich ergänze zum nächsten Zehner.

3.
> Ich lege die restlichen Plättchen dazu.

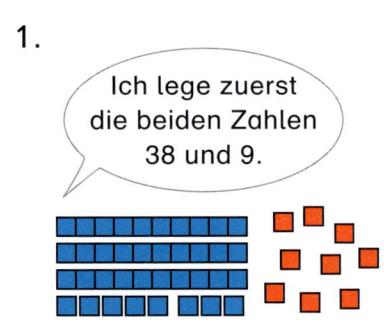
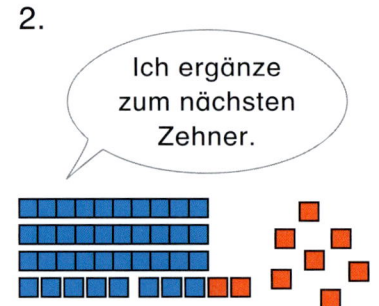
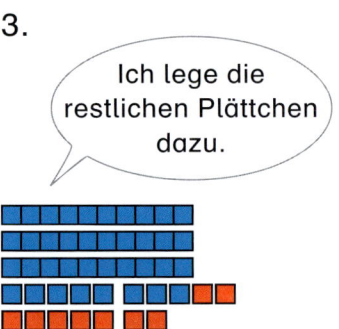

3 Lege und rechne die Aufgaben wie Justus.

a) 27 + 6   b) 56 + 8   c) 45 + 7   d) 38 + 4   e) 67 + 5

4 Wer hat hier seinen Rechenweg auch am Rechenstrich dargestellt? Justus, Jette oder Kim? Erkläre.

38 + 9

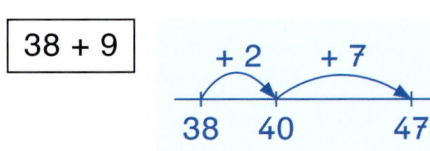
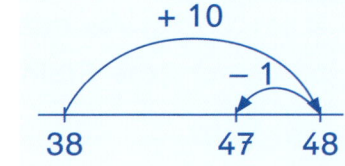

5 Notiere die Aufgaben.

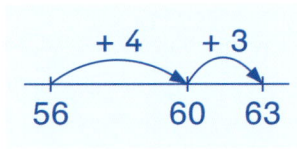
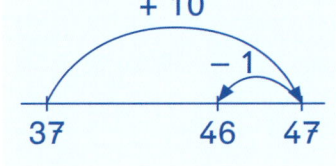
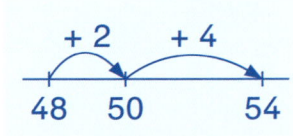

a) ☐ + ☐ = ☐   b) ☐ + ☐ = ☐   c) ☐ + ☐ = ☐

Beilage zum Schülerbuch: Zehnerstreifen und Einerplättchen

6 Probiere die drei Rechenwege aus.

a)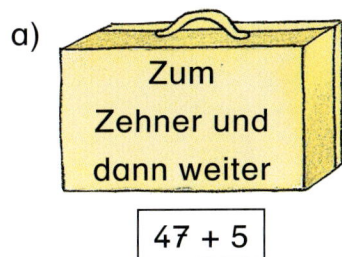

$47 + 5$

so:

$4\ 7\ +\ 3\ +\ 2\ =$

oder so:

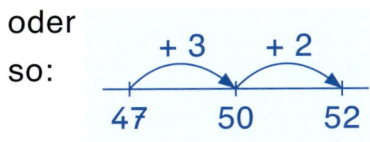

68 + 4	37 + 6
57 + 5	86 + 5
34 + 7	79 + 4
46 + 6	65 + 7

b)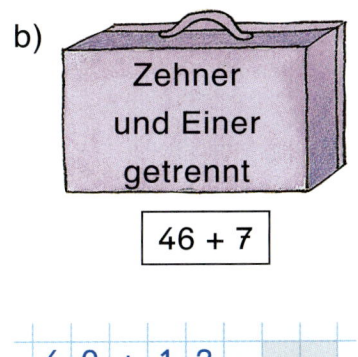

$46 + 7$

$4\ 0\ +\ 1\ 3\ =$

26 + 7	48 + 6
77 + 6	64 + 7
55 + 8	87 + 5
38 + 4	56 + 6

c)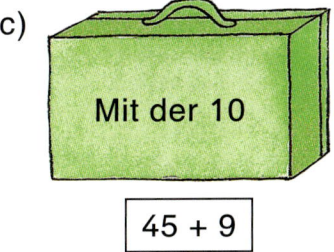

$45 + 9$

so:

$4\ 5\ +\ 1\ 0\ -\ 1\ =$

oder so:

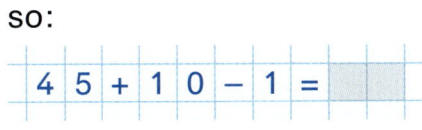

23 + 9

56 + 9

37 + 8

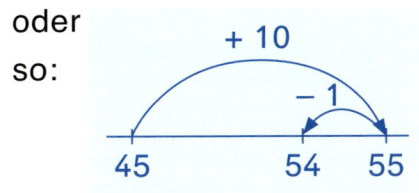

37 + 8?
Geht das auch?

d) Finde weitere Aufgaben zum grünen Koffer.

7 Werkzeugkoffer für Rechenwege: Überlege vorher, wie du rechnen möchtest.

a) $56 + 9$ b) $34 + 7$ c) $68 + 6$ d) $46 + 7$ e) $85 + 6$

f) $26 + 8$ g) $72 + 9$ h) $57 + 4$ i) $27 + 9$ j) $65 + 6$

 Vergleicht eure Rechenwege. Habt ihr die gleichen Rechenwege benutzt?

8 Ein Ergebnis – drei Aufgaben: Wähle immer drei verschieden farbige Zahlen.

a)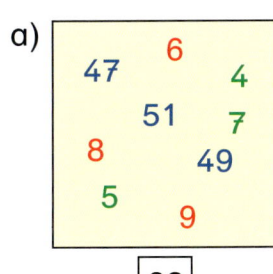

47   6   4
    51   7
8   49
    5
        9

4 7	+	8	+	7	= 6 2
4 9	+		+		= 6 2
5 1	+		+		= 6 2

62

b)

5   4   8
      9
28   29
    27
6   7

41

c)

6   7
        42
8   4
    38   41
9   4

53

49

$$35 - 9$$

$$3\;5\;-\;5\;-\;4\;=\;2\;6 \qquad 3\;5\;-\;1\;0\;+\;1\;=\;2\;6$$

1 Erkläre die Rechenwege. Ist dein Rechenweg dabei?

2 Wer hat hier seinen Rechenweg erklärt?

1.

Ich lege die Zahl 35.

2.

Ich nehme 5 Plättchen weg.

3.

Ich tausche einen Zehner- streifen in zehn Plättchen.

4.

Jetzt nehme ich noch 4 Plättchen weg.

3 Lege und rechne die Aufgaben wie Justus.

a) 23 – 5 b) 32 – 5 c) 45 – 8 d) 44 – 7 e) 53 – 6

4 Wer hat hier seinen Rechenweg auch am Rechenstrich dargestellt?
Justus oder Jette? Erkläre.

35 – 9

 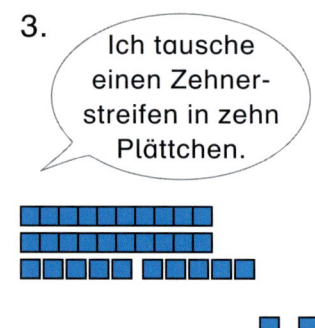 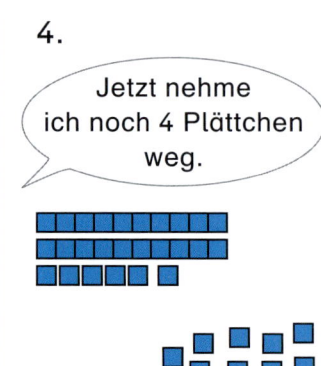

5 Notiere die Aufgabe.

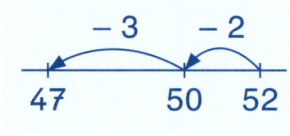
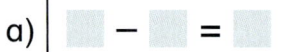

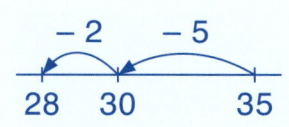

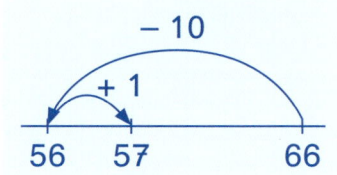

a) ☐ – ☐ = ☐   b) ☐ – ☐ = ☐   c) ☐ – ☐ = ☐

➡ Beilage zum Schülerbuch: Zehnerstreifen und Einerplättchen

6 Probiere die beiden Rechenwege aus.

a)

Zum Zehner und dann weiter

| 23 – 6 |

so: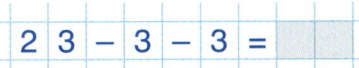

2 3 – 3 – 3 =

oder so:

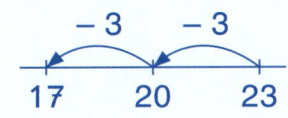

– 3   – 3

17   20   23

45 – 7	71 – 4	52 – 6
62 – 4	83 – 5	74 – 5
53 – 6	42 – 7	65 – 7
34 – 5	64 – 6	43 – 4

b)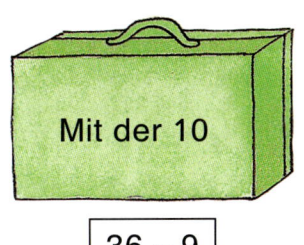

Mit der 10

| 36 – 9 |

so:

3 6 – 1 0 + 1 =

oder so:

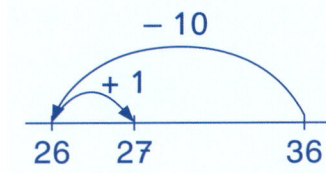

– 10
+ 1

26   27   36

27 – 9	42 – 8
54 – 9	25 – 8
43 – 9	34 – 8

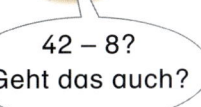

42 – 8?
Geht das auch?

c) Finde weitere Aufgaben zum grünen Koffer.

7 Werkzeugkoffer für Rechenwege: Überlege, wie du rechnen möchtest.

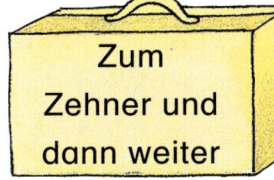
Zum Zehner und dann weiter

Mit der 10

Ganz anders

a) 53 – 9   b) 32 – 7   c) 64 – 6   d) 41 – 7   e) 83 – 6

f) 24 – 8   g) 36 – 8   h) 72 – 9   i) 52 – 4   j) 27 – 9

 Vergleicht eure Rechenwege. Habt ihr die gleichen Rechenwege benutzt?

8 Ein Ergebnis – drei Aufgaben: Wähle immer drei verschieden farbige Zahlen.

a)

51   5   52
6   3
9   4
53   6

| 41 |

5 1 – 4 – 6 = 4 1

5 2 – ☐ – ☐ = 4 1

5 3 – ☐ – ☐ = 4 1

b)

65   7   66
4
61   3
6
8   5

| 53 |

c)

3   4
2
7   45
5   43
6
41   34

| 34 |

51

1 Rechne. Die kleine Aufgabe hilft.

a)	b)	c)	d)	e)
5 + 3	2 + 6	6 + 3	5 + 5	5 + 4
15 + 3	12 + 6	26 + 3	25 + 5	15 + 4
25 + 3	52 + 6	46 + 3	35 + 5	35 + 4
35 + 3	72 + 6	86 + 3	85 + 5	75 + 4

2 Entdeckerpäckchen: Was fällt dir auf? Beschreibe und setze fort.

a)	b)	c)	d)	e)
36 + 2	46 + 3	63 + 5	27 + 9	57 + 2
36 + 3	47 + 3	64 + 6	26 + 8	56 + 3
36 + 4	48 + 3	65 + 7	25 + 7	55 + 4
36 + 5	49 + 3	66 + 8	24 + 6	54 + 5
▢ + ▢	▢ + ▢	▢ + ▢	▢ + ▢	▢ + ▢

3 Rechne.

a)	b)	c)	d)	e)
48 + 5	53 + 6	83 + 7	37 + 2	66 + 2
47 + 8	57 + 9	86 + 3	38 + 2	64 + 8
42 + 8	54 + 6	88 + 3	33 + 6	61 + 9
49 + 7	54 + 5	88 + 9	37 + 7	65 + 8

4 Rechne.

a)	b)	c)	d)	e)
35 + 8	34 + 5	49 + 6	66 + 7	56 + 8
57 + 5	18 + 6	86 + 4	45 + 9	26 + 9
24 + 4	75 + 7	67 + 6	52 + 7	64 + 6
44 + 9	58 + 9	38 + 4	37 + 6	35 + 7

5 Das Ergebnis soll im nächsten Zehner liegen.

a) Notiere alle Aufgaben.

 b) Vergleicht eure Ergebnisse. Habt ihr alle Aufgaben gefunden?

Minusaufgaben üben

AH S. 32–33 FH S. 37

1 Rechne. Die kleine Aufgabe hilft.

a) 7 – 4	b) 8 – 6	c) 6 – 3	d) 7 – 2	e) 9 – 5
17 – 4	28 – 6	36 – 3	27 – 2	39 – 5
27 – 4	48 – 6	56 – 3	57 – 2	59 – 5
37 – 4	78 – 6	66 – 3	87 – 2	99 – 5

2 Entdeckerpäckchen: Was fällt dir auf? Beschreibe und setze fort.

a) 36 – 3	b) 48 – 6	c) 75 – 4	d) 63 – 4	e) 26 – 9
36 – 4	47 – 7	74 – 4	64 – 5	25 – 9
36 – 5	46 – 8	73 – 4	65 – 6	24 – 9
36 – 6	45 – 9	72 – 4	66 – 7	23 – 9
▢ – ▢	▢ – ▢	▢ – ▢	▢ – ▢	▢ – ▢

3 Rechne.

a) 34 – 3	b) 56 – 7	c) 75 – 2	d) 27 – 9	e) 83 – 3
34 – 4	56 – 9	75 – 8	27 – 5	83 – 4
34 – 5	56 – 5	75 – 3	27 – 6	83 – 6
34 – 8	56 – 6	75 – 7	27 – 8	83 – 2

4 Rechne.

a) 35 – 8	b) 24 – 5	c) 49 – 6	d) 66 – 7	e) 96 – 6
57 – 5	18 – 6	86 – 9	45 – 5	50 – 4
24 – 4	70 – 7	67 – 6	57 – 8	33 – 6
44 – 9	58 – 9	30 – 4	37 – 6	64 – 7

5 Das Ergebnis soll nicht im gleichen Zehner liegen.

a) Notiere alle Aufgaben.

 b) Vergleicht eure Ergebnisse. Habt ihr alle Aufgaben gefunden?

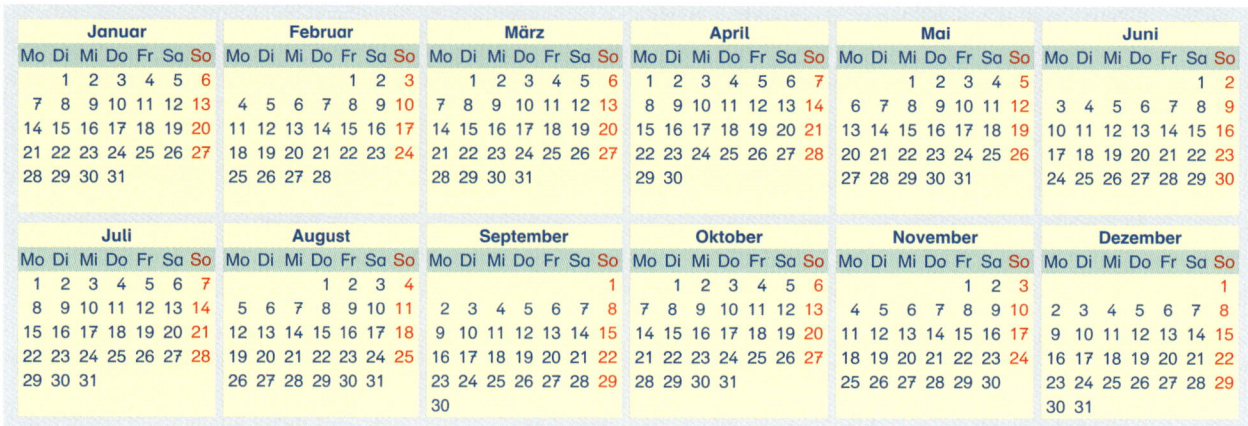

Januar	Februar	März	April	Mai	Juni
Mo Di Mi Do Fr Sa So	Mo Di Mi Do Fr Sa So	Mo Di Mi Do Fr Sa So	Mo Di Mi Do Fr Sa So	Mo Di Mi Do Fr Sa So	Mo Di Mi Do Fr Sa So
1 2 3 4 5 6	1 2 3	1 2 3 4 5 6	1 2 3 4 5 6 7	1 2 3 4 5	1 2
7 8 9 10 11 12 13	4 5 6 7 8 9 10	7 8 9 10 11 12 13	8 9 10 11 12 13 14	6 7 8 9 10 11 12	3 4 5 6 7 8 9
14 15 16 17 18 19 20	11 12 13 14 15 16 17	14 15 16 17 18 19 20	15 16 17 18 19 20 21	13 14 15 16 17 18 19	10 11 12 13 14 15 16
21 22 23 24 25 26 27	18 19 20 21 22 23 24	21 22 23 24 25 26 27	22 23 24 25 26 27 28	20 21 22 23 24 25 26	17 18 19 20 21 22 23
28 29 30 31	25 26 27 28	28 29 30 31	29 30	27 28 29 30 31	24 25 26 27 28 29 30

Juli	August	September	Oktober	November	Dezember
Mo Di Mi Do Fr Sa So	Mo Di Mi Do Fr Sa So	Mo Di Mi Do Fr Sa So	Mo Di Mi Do Fr Sa So	Mo Di Mi Do Fr Sa So	Mo Di Mi Do Fr Sa So
1 2 3 4 5 6 7	1 2 3 4	1	1 2 3 4 5 6	1 2 3	1
8 9 10 11 12 13 14	5 6 7 8 9 10 11	2 3 4 5 6 7 8	7 8 9 10 11 12 13	4 5 6 7 8 9 10	2 3 4 5 6 7 8
15 16 17 18 19 20 21	12 13 14 15 16 17 18	9 10 11 12 13 14 15	14 15 16 17 18 19 20	11 12 13 14 15 16 17	9 10 11 12 13 14 15
22 23 24 25 26 27 28	19 20 21 22 23 24 25	16 17 18 19 20 21 22	21 22 23 24 25 26 27	18 19 20 21 22 23 24	16 17 18 19 20 21 22
29 30 31	26 27 28 29 30 31	23 24 25 26 27 28 29	28 29 30 31	25 26 27 28 29 30	23 24 25 26 27 28 29
		30			30 31

1 Schreibe zu jedem Monat die Anzahl der Tage auf.

a) Januar   b) April   c) Juli

d) August   e) November   f) Dezember

> Mit der Faustregel kannst du dir merken, wie viele Tage ein Monat hat.

2 a) Welche Monate haben 31 Tage?

Was fällt dir auf?

b) Wie heißt der Monat

mit den wenigsten Tagen?

c) Welcher Monat hat

alle vier Jahre 29 Tage?

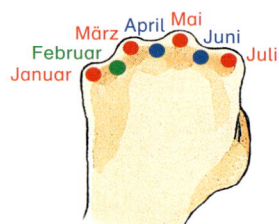

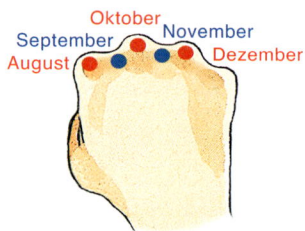

3 Schreibe zu jedem Datum den Wochentag auf.

a) 20. Januar   b) 6. März   c) 1. April

d) 10. Mai   e) 5. Juni   f) 17. August

g) 19. Oktober   h) 8. November   i) 24. Dezember

> a) 2 0. Januar: Sonntag
>
> b) ...

4 Bedeutende Ereignisse. Schreibe das Datum so auf:

> a) Erste Mondlandung
>
>   2 0. 7. 1 9 6 9

a) Erste Mondlandung 20. Juli 1969

b) Einführung des Euros 1. Januar 2002

c) Deutschland wird Fußballweltmeister
   4. Juli 1954
   7. Juli 1974
   8. Juli 1990
   13. Juli 2014

d) Der Mauerfall in Berlin 9. November 1989

e) Untergang der Titanic 14. April 1912

f) Geburtstag W. A. Mozart 27. Januar 1756

g) Mein Geburtstag

5 Findest du heraus, wie lange die Ereignisse von Aufgabe 4 ungefähr her sind?

Schreibe die Geburtstage deiner Familie auf.

An welchen Wochentagen haben sie dieses Jahr Geburtstag?

6 Schreibe das richtige Datum auf.

a) morgen b) übermorgen
c) gestern d) vorgestern
e) in einer Woche f) vor einer Woche
g) in einem Monat h) vor einem Monat

7 Beantworte die Fragen.

Jana: Am 28. November waren wir im Museum. Vor wie vielen Tagen war das?

Tobi: Wie viele Tage dauert das Jahr noch?

Noemi: Meine kleine Schwester wird heute genau ein halbes Jahr alt. Wann wurde sie geboren?

8 Sucht euch ein Datum aus und stellt euch Rätsel wie bei Aufgabe 7.

9 Richtig oder falsch? Schreibe richtige Aussagen auf.
Berichtige die falschen Aussagen.

a) In drei Wochen ist Heiligabend.
b) Vorgestern war der 30. November.
c) Vor vier Wochen war der 3. November.
d) Morgen in einer Woche ist der 11. Dezember.

10 Löse die Rätsel.

Tim: Unsere Sommerferien beginnen am 11. Juli und enden am 23. August. Wie viele Tage dauern sie?

Pia: Meine Großeltern fahren vom 24. Februar bis 13. März in den Skiurlaub. Wie viele Nächte sind sie weg?

 Informiere dich: Wann ist Weltkindertag? Wann ist der Tag der Freundschaft?

EINLADUNG

Zu meinem
8. Geburtstag
am 10. Dezember
lade ich dich
herzlich ein

Deine Jette

Gästeliste

Olli	Susi
Jan	Jana
Anna	Pia
Justus	Resul
Kim	

Ich habe für jedes Kind auch einen Muffin gebacken.

1 Welche Fragen kannst du beantworten? Schreibe die Antworten auf.

a) Wie viele Kinder lädt Jette ein?
b) Wie viele Muffins hat die Mutter gebacken?
c) Wie alt wird Jette?
d) Wie alt sind Jettes Freunde?
e) Um wie viel Uhr sollen Jettes Gäste kommen?
f) Wann hat Jette Geburtstag?
g) Reichen die Nussecken, wenn jedes Kind zwei Stück isst?
h) Backt die Mutter mehr Muffins oder mehr Nussecken?
i) Es feiern mehr Mädchen als Jungen. Wie viele mehr sind es?

a) Jette lädt ___ Kinder ein.
b) Die Mutter hat ...

Vorsicht! Nicht alle Fragen kannst du beantworten!

Finde selbst Rechenfragen und schreibe sie auf.

2 Beantworte die Fragen.

a) Wie viele Punkte hat Jette?
b) Wie viele Punkte hat Justus?
c) Wie viele Punkte hat Kim weniger als Justus?
d) Wie viele Punke hat Jette mehr als Jan?
e) Wie viele Punkte haben Justus und Jette zusammen?

Frag doch mal deine Großeltern, welche Spiele sie als Kinder gespielt haben.

3 Beantworte die Fragen.

a) Wie viele Punkte hat Kim?
b) Wie viele Punkte hat Jan?
c) Wie viele Punkte haben die beiden Jungen zusammen?
d) Wie viele Punkte haben die beiden Mädchen zusammen?
e) Wie viele Punkte hat Kim mehr als Jette?
f) Haben die Mädchen oder die Jungen mehr Punkte?
   Wie groß ist der Unterschied?

4 Von wem bekam Jette welches Geschenk?

A   B   C   D   E   F

▶ Das Geschenk von Justus liegt neben dem blauen Geschenk und ist nicht bunt.
▶ Zwischen Pias und Janas Geschenk liegt ein rotes Geschenk.
▶ Das Geschenk von Justus liegt zwischen dem von Pia und dem von Resul.
▶ Kims Geschenk ist rot.
▶ Ein Geschenk ist von Olli.

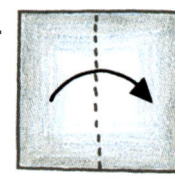 1.  2.  3.  4.

 1 So kannst du einen Faltschnitt herstellen. Beschreibe.

 2 a) Welche Figuren entstehen hier?
Zeichne auf. Probiere aus.

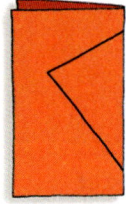   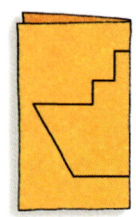 

die Faltlinie
der Faltschnitt
der Umriss

b) Stelle eigene Figuren durch Faltschnitte her.

> Faltschnitte sind **achsensymmetrisch**.
>
> Eine Figur ist achsensymmetrisch, wenn die beiden Hälften beim Falten genau aufeinanderpassen.
>
> Die Faltlinie ist die **Symmetrieachse**.

3 Sind diese Figuren achsensymmetrisch?
Entscheide und begründe. 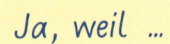 Ja, weil ... 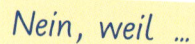 Nein, weil ...

a)    b)    c)    d)

e) 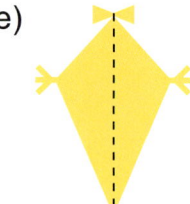   f)    g) 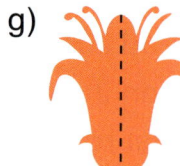   h)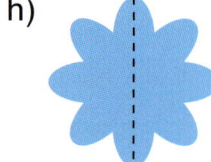

1 a) Spanne die Figuren nach. Der rote Gummi ist die Symmetrieachse.
Spanne auch das Spiegelbild. Worauf musst du achten?

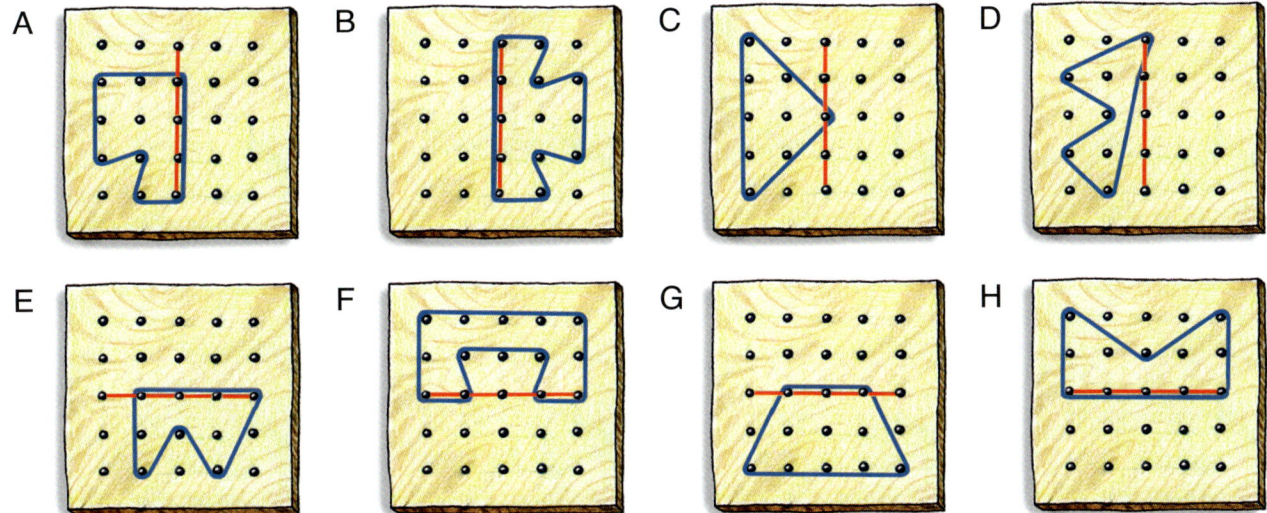

b) Spanne eigene achsensymmetrische Figuren.
Übertrage das fertige Bild auf ein Punktefeld.
Zeichne die Symmetrieachse ein.

So kannst du kontrollieren: Setze den Spiegel auf die Symmetrieachse.

2 Vorsicht Fehler!

Spanne nach und verändere die Figuren so, dass sie achsensymmetrisch sind.
Zeichne deine Lösungen auf ein Punktefeld.

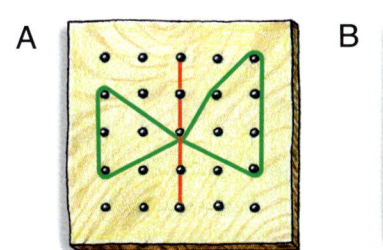 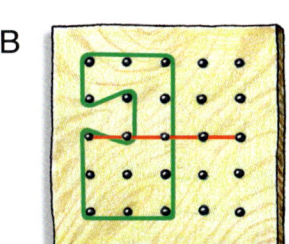 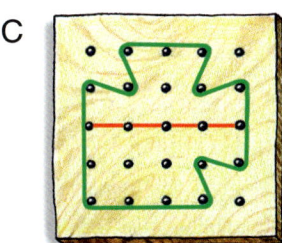 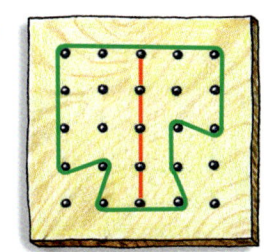

3 Vorsicht Fehler!

Spanne nach und verändere die Figuren so, dass sie achsensymmetrisch sind.
Zeichne deine Lösungen auf ein Punktefeld.

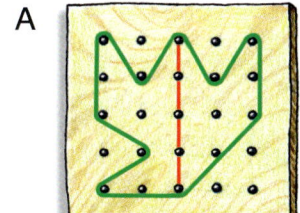 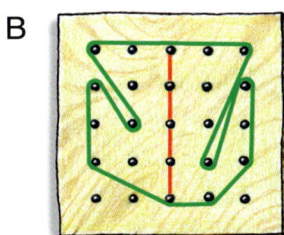 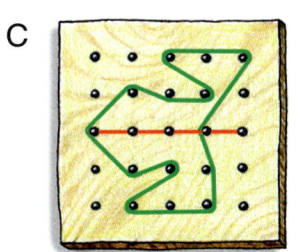 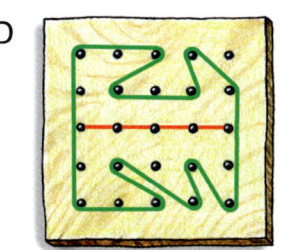

Burg Schreckenstein

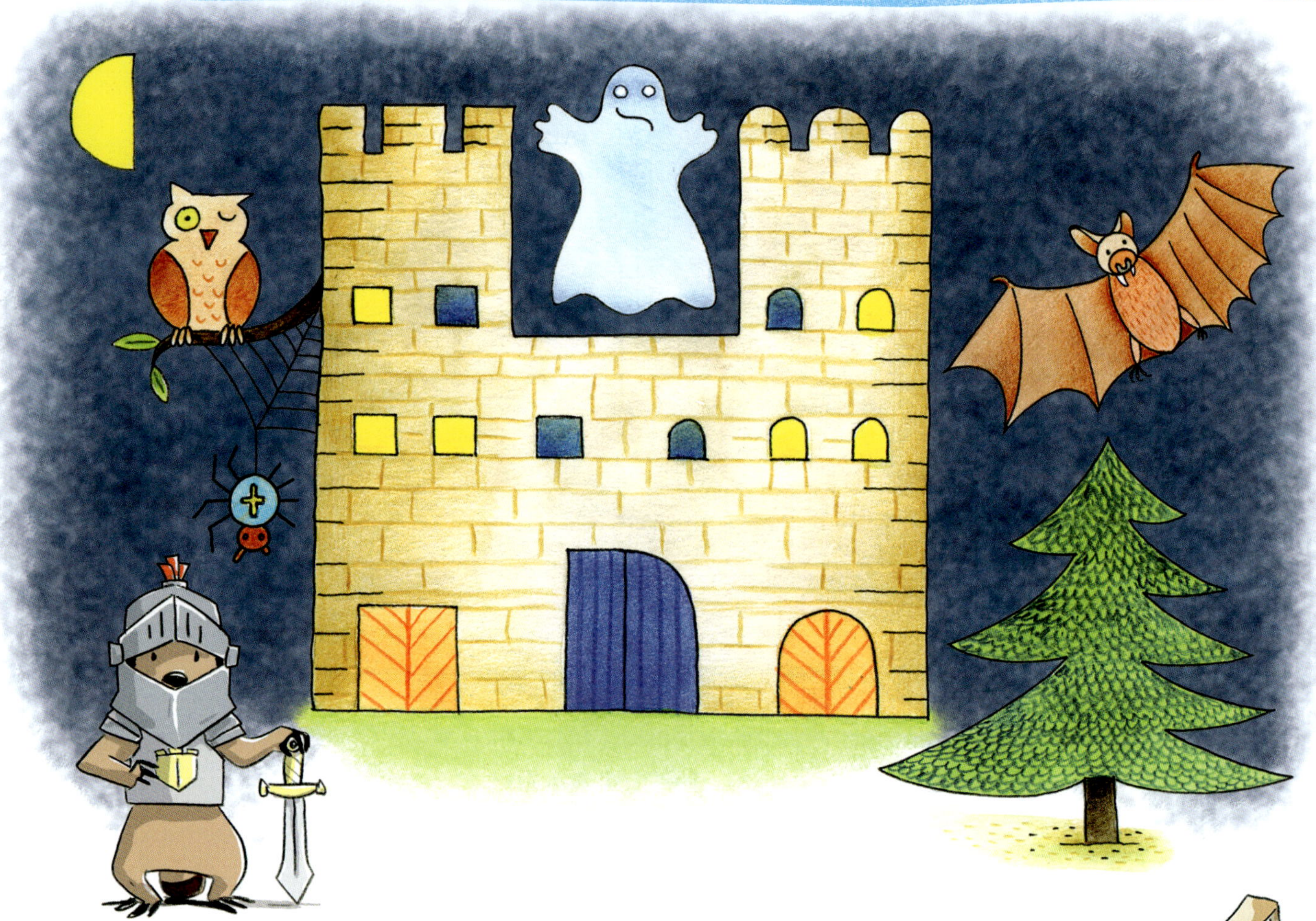

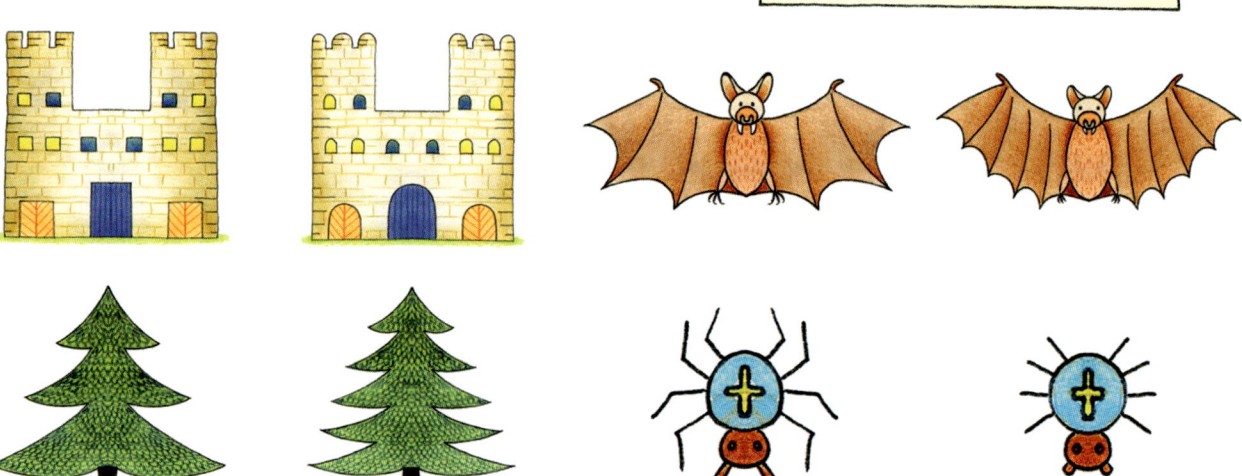

1 Was ist hier seltsam? Erzähle.

2 Lege den Spiegel im oberen Bild so an, dass diese Bilder entstehen.

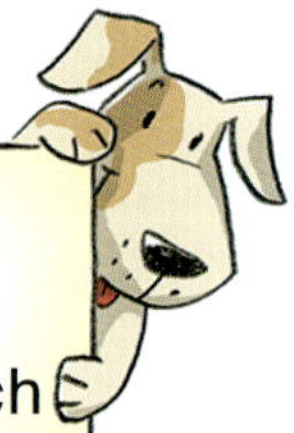

die Symmetrieachse
achsensymmetrisch
nicht achsensymmetrisch

3 Finde mithilfe des Spiegels:

- Fredo ohne Schwert – Fredo mit zwei Schwertern
- ein lachendes Gespenst – ein trauriges Gespenst
- einen wachen Uhu – einen schlafenden Uhu
- einen Vollmond

4 Sind alle Bilder achsensymmetrisch?
Finde es mithilfe des Spiegels heraus.

5 Welche Buchstaben haben eine Symmetrieachse?

Einer dieser Buchstaben hat zwei Symmetrieachsen.

FREDO

JETTE

Untersuche die Buchstaben in deinem Namen.
Welche sind achsensymmetrisch?

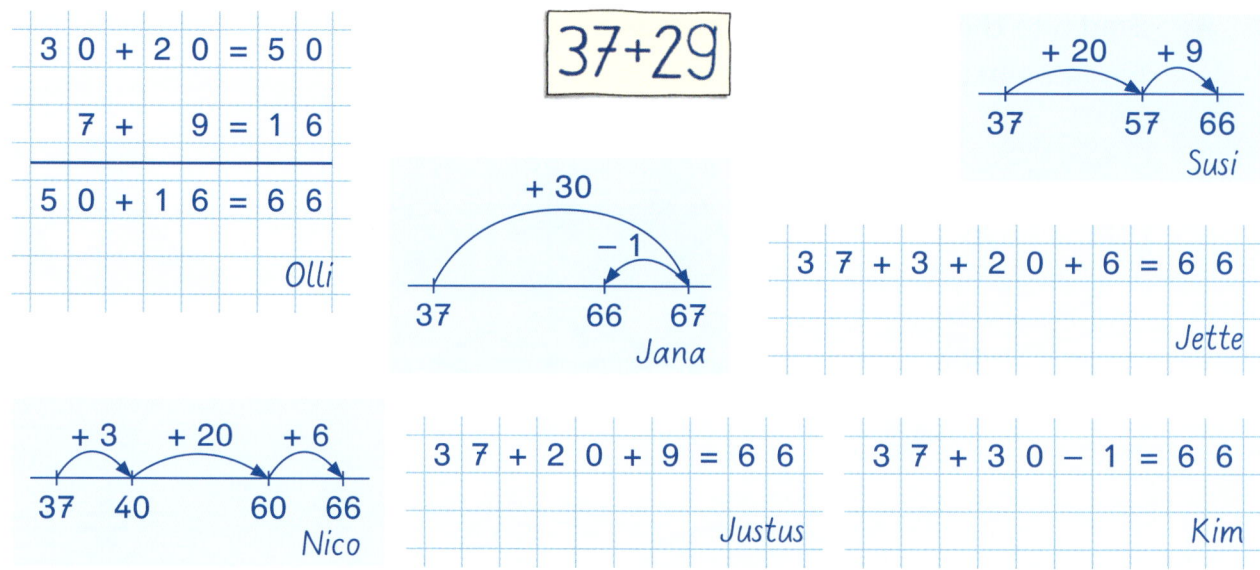

1 Welche Kinder haben den gleichen Rechenweg? Erkläre.

Ist dein Rechenweg dabei?

Welche Rechenwege passen zu den jeweiligen Werkzeugkoffern?

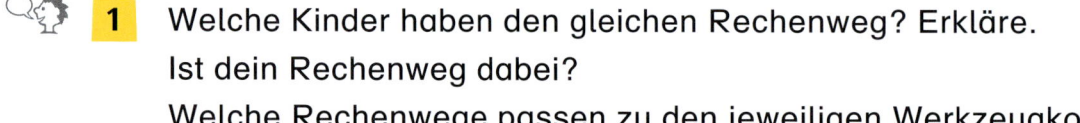

In Schritten vorwärts

Zehner und Einer getrennt

Mit der Zehnerzahl

2 Beschreibe, wie Justus die Aufgabe gerechnet hat. 37 + 29

3 Rechne die Aufgaben wie Justus mit Zehnerstreifen und Plättchen.

a) 26 + 17   b) 37 + 25   c) 18 + 29   d) 45 + 38   e) 36 + 46

4 Wer hat hier seinen Rechenweg beschrieben? 37 + 29

a)
Zuerst ergänze ich zur 40. Dann kommen die Zehner dazu. Danach rechne ich noch die restlichen Einer dazu.

b) Wie rechnest du die Aufgabe 56 + 38? Schreibe deinen Rechenweg in Worten auf.

➡ Beilage zum Schülerbuch: Zehnerstreifen und Einerplättchen

5 Probiere die drei Rechenwege aus.

a)

In Schritten vorwärts

28 + 16	56 + 27
36 + 28	48 + 15
77 + 14	35 + 36
45 + 37	27 + 44

b)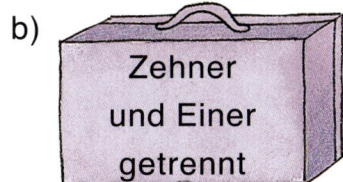

Zehner und Einer getrennt

46 + 37	29 + 38
67 + 16	27 + 57
38 + 54	66 + 16
25 + 27	17 + 68

c)

Mit der Zehnerzahl

47 + 19
24 + 39
55 + 29
36 + 49

d) Finde weitere Aufgaben zum grünen Koffer.

6 Werkzeugkoffer für Rechenwege: Überlege, wie du rechnen möchtest.

 In Schritten vorwärts

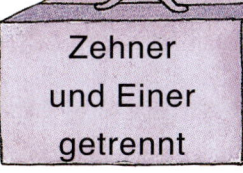 Zehner und Einer getrennt

 Mit der Zehnerzahl

 Ganz anders

a) 38 + 24   b) 54 + 19   c) 16 + 55   d) 45 + 37   e) 23 + 59

f) 34 + 38   g) 56 + 35   h) 46 + 47   i) 64 + 29   j) 76 + 16

 Vergleicht eure Rechenwege.

7 Welche Zahlenkarten passen?

 17   45   38   29   54

a) ▢ + ▢ = 83   b) ▢ + ▢ = 71   c) ▢ + ▢ = 74

d) ▢ + ▢ = 99   e) ▢ + ▢ = 62   f) ▢ + ▢ = 67

Bilde mit diesen Zahlen Plusaufgaben. Das Ergebnis soll ...

a) ... eine glatte Zehnerzahl sein.
b) ... eine gerade Zahl sein.
c) ... eine ungerade Zahl sein.

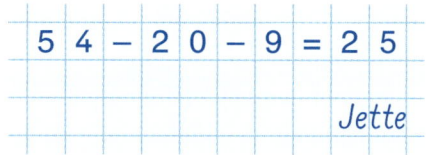

$$54 - 20 - 9 = 25$$

Jette

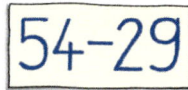

54 – 29

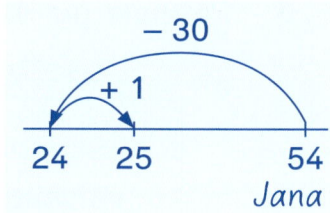

Jana

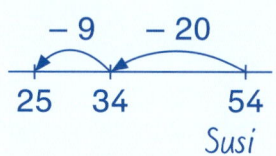

Susi

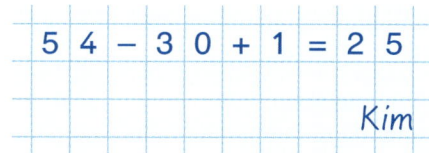

$$54 - 30 + 1 = 25$$

Kim

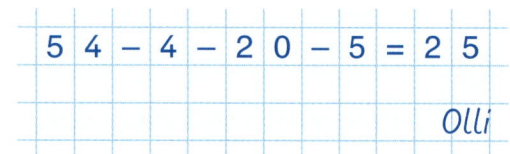

$$54 - 4 - 20 - 5 = 25$$

Olli

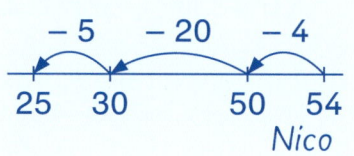

Nico

1 Welche Kinder haben den gleichen Rechenweg? Erkläre.

Ist dein Rechenweg dabei?

Welche Rechenwege passen zu den jeweiligen Werkzeugkoffern?

In Schritten zurück

Mit der Zehnerzahl

2 Beschreibe, wie Jette die Aufgabe gerechnet hat. 54 – 29

1.

2.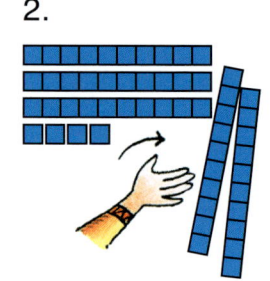

3.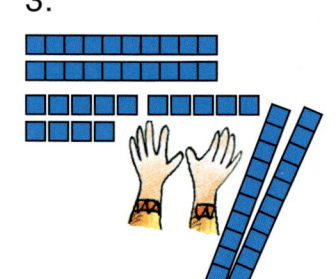

4.

3 Rechne die Aufgaben wie Jette mit Zehnerstreifen und Plättchen.

a) 35 – 17   b) 54 – 26   c) 72 – 44   d) 46 – 29   e) 63 – 38

4 Hier gibt es noch einen besonderen Rechenweg. Erkläre.

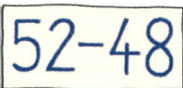

52 – 48

$$48 + \boxed{} = 52$$

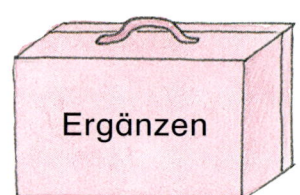

Ergänzen

➡ Beilage zum Schülerbuch: Zehnerstreifen und Einerplättchen

5 Probiere die drei Rechenwege aus.

a)

43 – 25	52 – 16
35 – 17	96 – 47
62 – 45	83 – 55
54 – 36	72 – 58

b)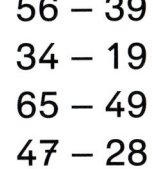

56 – 39
34 – 19
65 – 49
47 – 28

c)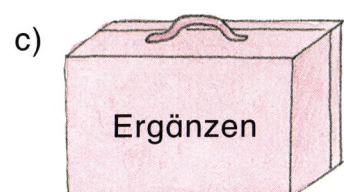

66 – 57	83 – 75
84 – 75	92 – 88
73 – 66	81 – 76
92 – 85	73 – 68

d) Finde weitere Aufgaben zum grünen Koffer.

6 Werkzeugkoffer für Rechenwege: Überlege, wie du rechnen möchtest.

 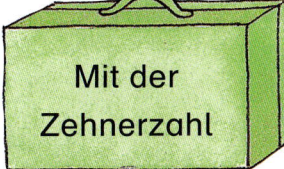  

a) 43 – 16   b) 62 – 39   c) 54 – 27   d) 71 – 68   e) 32 – 28

f) 36 – 19   g) 41 – 25   h) 56 – 38   i) 64 – 47   j) 77 – 59

 Vergleicht eure Rechenwege.

7 Welche Zahlenkarten passen?

 29   45   73   36   64

a) ⬚ – ⬚ = 28   b) ⬚ – ⬚ = 16   c) ⬚ – ⬚ = 44

d) ⬚ – ⬚ = 35   e) ⬚ – ⬚ = 37   f) ⬚ – ⬚ = 19

📓 Bilde mit diesen Zahlen Minusaufgaben.
Das Ergebnis soll …

a) … eine glatte Zehnerzahl sein.
b) … eine gerade Zahl sein.
c) … eine ungerade Zahl sein.

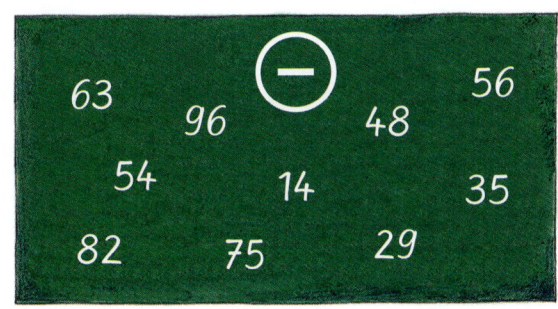

1 Welche Stelle ändert sich? Überlege, bevor du rechnest.

a) 55 + 4
   55 + 40
   55 + 44

b) 36 + 3
   36 + 30
   36 + 33

c) 23 + 5
   23 + 50
   23 + 55

d) 46 + 2
   46 + 20
   46 + 22

Einer?
Zehner?
Einer und Zehner?

2 Rechne. Was fällt dir auf?

a) 20 + 40
   25 + 40
   25 + 47

b) 50 + 30
   50 + 36
   58 + 36

c) 30 + 40
   39 + 40
   39 + 44

d) 10 + 70
   10 + 74
   17 + 74

e) 40 + 10
   44 + 10
   44 + 18

f) 30 + 20
   30 + 29
   39 + 29

g) 50 + 30
   56 + 30
   56 + 37

h) 60 + 20
   60 + 26
   69 + 26

3 Entdeckerpäckchen: Was fällt dir auf? Beschreibe und setze fort.

a) 76 + 12
   76 + 13
   76 + 14
   76 + 15
   ▢ + ▢

b) 21 + 59
   23 + 59
   25 + 59
   27 + 59
   ▢ + ▢

c) 23 + 36
   24 + 37
   25 + 38
   26 + 39
   ▢ + ▢

d) 64 + 21
   64 + 20
   64 + 19
   64 + 18
   ▢ + ▢

e) 21 + 50
   23 + 52
   25 + 54
   27 + 56
   ▢ + ▢

4 Suche passende Plusaufgaben.

1. Zahl	2. Zahl	Ergebnis
54 48 39 68 53 19	77 19 27 46 36 25	85 84 72 93 81 96

5 | 4 | + | | = |

5 Würfelspiel: 100 gewinnt

Sieger!

65 + 32 = 97
52 + 36 = 88

100 gewinnt

Würfelt mit 4 Spielwürfeln.
Jeder bildet 2 Zahlen und rechnet damit
eine Plusaufgabe.
Wer näher an der 100 ist, erhält einen Punkt.
Wer zuerst 5 Punkte hat, ist Sieger.

1 Welche Stelle ändert sich? Überlege, bevor du rechnest.

a) 47 − 2
   47 − 20
   47 − 22

b) 68 − 4
   68 − 40
   68 − 44

c) 58 − 3
   58 − 30
   58 − 33

d) 94 − 2
   94 − 20
   94 − 22

> Einer?
> Zehner?
> Einer und Zehner?

2 Rechne. Was fällt dir auf?

a) 70 − 30
   74 − 30
   74 − 36

b) 90 − 50
   90 − 58
   96 − 58

c) 60 − 20
   65 − 20
   65 − 26

d) 80 − 60
   80 − 67
   89 − 67

e) 50 − 10
   50 − 19
   56 − 19

f) 80 − 30
   84 − 30
   84 − 37

g) 70 − 40
   70 − 43
   72 − 43

h) 90 − 60
   93 − 60
   93 − 66

3 Entdeckerpäckchen: Was fällt dir auf? Beschreibe und setze fort.

a) 98 − 61
   96 − 62
   94 − 63
   92 − 64
   ☐ − ☐

b) 79 − 29
   78 − 29
   77 − 29
   76 − 29
   ☐ − ☐

c) 61 − 32
   62 − 33
   63 − 34
   64 − 35
   ☐ − ☐

d) 78 − 48
   76 − 47
   74 − 46
   72 − 45
   ☐ − ☐

e) 81 − 49
   83 − 49
   85 − 49
   87 − 49
   ☐ − ☐

4 Suche passende Minusaufgaben.

1. Zahl	2. Zahl	Ergebnis
52 91 66 71 47 84	25 29 46 18 36 63	29 37 38 35 28 27

5 2 − ☐ = ☐

5 Welches Ergebnis ist falsch? Welcher Fehler wurde gemacht? Erkläre.

a) 82 − 36 = 46
   82 − 36 = 54

b) 54 − 21 = 75
   54 − 21 = 33

c) 78 − 29 = 48
   78 − 29 = 49

d) 91 − 88 = 3
   91 − 88 = 13

e) 67 − 38 = 28
   67 − 38 = 29

f) 43 − 16 = 27
   43 − 16 = 39

3 Zahlen – 4 Aufgaben

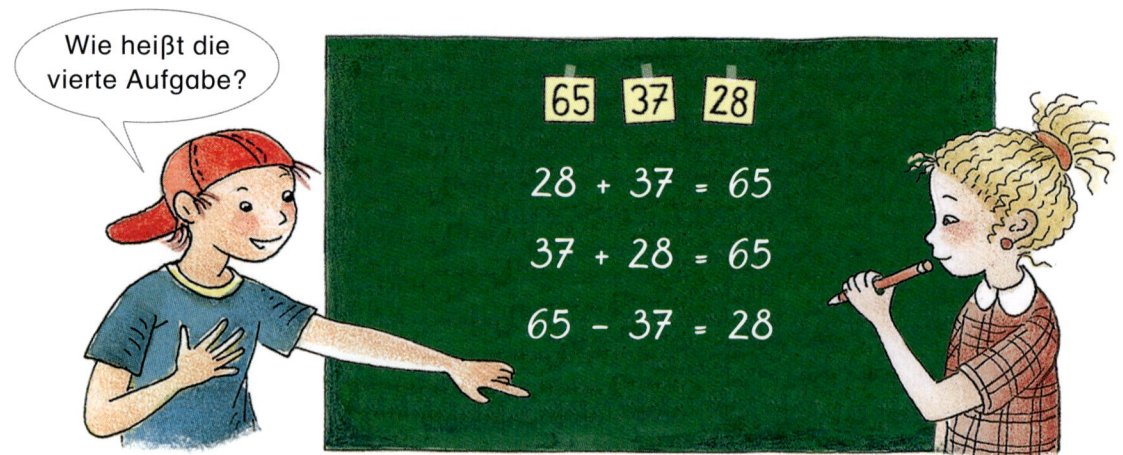

Wie heißt die vierte Aufgabe?

65   37   28

28 + 37 = 65

37 + 28 = 65

65 – 37 = 28

4	5	+	2	9	=	7	4	← Aufgabe
2	9	+	4	5	=	7	4	← Tauschaufgabe
7	4	–	2	9	=	4	5	← Umkehraufgabe
7	4	–	4	5	=	2	9	← Umkehraufgabe der Tauschaufgabe

1 Bilde mit 3 Zahlen 4 Aufgaben.

a) 30 40 70   b) 35 80 45   c) 60 14 46

2 Finde eine passende Zahl. Bilde 4 Aufgaben.

a) 44 26 ?   b) ? 31 53

c) 23 ? 65   d) 56 13 ?

e) 44 ? 29   f) 57 18 ?

Hier gibt es immer zwei Möglichkeiten.

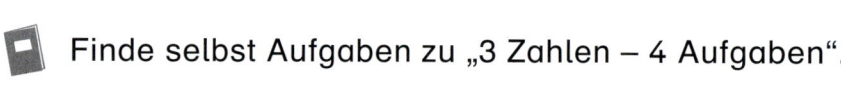 Finde selbst Aufgaben zu „3 Zahlen – 4 Aufgaben".

3 Das faule Ei: Eine Karte passt nicht.
Bilde mit den 3 übrigen Zahlen eine Rechenaufgabe.

a) 69 45 24 79   b) 14 66 53 67

c) 67 34 32 35   d) 61 24 96 35

e) 92 46 28 64   f) 55 91 36 18

g) 88 56 23 33   h) 82 72 44 38

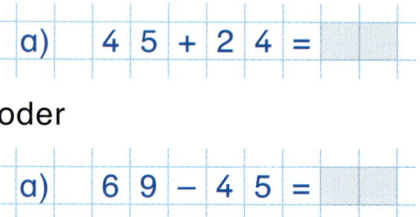

a)   4 5 + 2 4 =

oder

a)   6 9 – 4 5 =

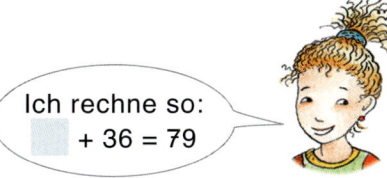

Ich rechne so:
☐ + 36 = 79

Ich denke mir eine Zahl. Ich zähle 36 dazu und erhalte 79.

Ich rechne lieber so:
79 – 36 = ☐

1 Wie löst du dieses Zahlenrätsel?

Ich denke mir eine Zahl. Ich ziehe 46 ab und erhalte 42.

2 Zahlenrätsel

a) Ich denke mir eine Zahl. Ich ziehe 28 ab und erhalte 61.

b) Ich denke mir eine Zahl. Ich zähle 64 dazu und erhalte 86.

c) Ich denke mir eine Zahl. Ich ziehe 34 ab und erhalte 45.

d) Ich denke mir eine Zahl. Ich zähle 25 dazu und erhalte 88.

e) Ich denke mir eine Zahl. Ich ziehe 36 ab und erhalte 52.

f) Ich denke mir eine Zahl. Ich zähle 76 dazu und erhalte 99.

3 Zahlenrätsel

a) Welche Zahl muss ich von 75 abziehen, um 45 zu erhalten?

b) Welche Zahl muss ich zu 35 dazurechnen, um 62 zu erhalten?

c) Welche Zahl muss ich von 91 abziehen, um 28 zu erhalten?

Denke dir selbst Zahlenrätsel aus. Stelle sie einem Partner.

4 Platzhalteraufgaben: Welche Zahlenkarte passt?

a) 35 + ☐ = 78
54 + ☐ = 89
26 + ☐ = 67
46 + ☐ = 94

b) ☐ + 13 = 55
☐ + 67 = 99
☐ + 24 = 78
☐ + 46 = 85

54 35 41
48 42 43
32 39

5 Platzhalteraufgaben: Welche Zahlenkarte passt?

a) 79 – ☐ = 43
96 – ☐ = 22
75 – ☐ = 31
82 – ☐ = 48

b) ☐ – 32 = 47
☐ – 23 = 45
☐ – 46 = 42
☐ – 18 = 78

79 88 44
96 74 68
36 34

1 Die Klasse 2a führt mit ihrer Lehrerin
ein Experiment durch.
Im Säckchen sind fünf Bausteine.

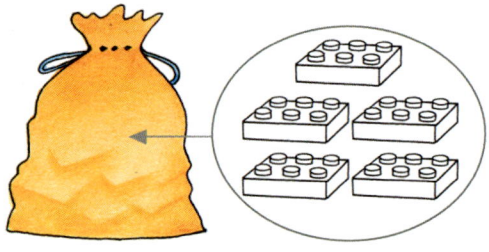

Schau dir die Strichliste oben an.

a) Was kannst du über die Farben der Steine im Säckchen sagen?
b) Welche Säckchen sind **möglich**?
   Welches Säckchen ist **am wahrscheinlichsten**?

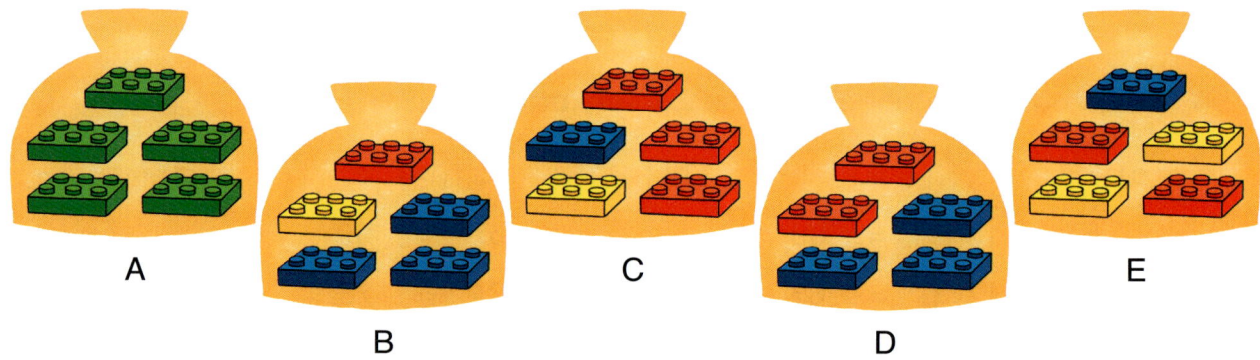

2 Richtig oder falsch? Überprüfe die Aussagen.

a) Es ist **sicher**, dass ich einen 🟩, 🟨 oder ⬛ ziehe.
b) Es ist **möglich**, dass ich einen 🟨 ziehe.
c) Es ist **sicher**, dass ich einen 🟩 ziehe.
d) Es ist **unmöglich**, dass ich einen ⬛ ziehe.

3 Justus hat ein Säckchen mit fünf Bausteinen gefüllt.
Er hat nur rote und blaue Steine genommen.

ziehen   notieren   zurücklegen

So sieht das Ergebnis nach 20-mal ziehen aus:

Was meinst du:
Wie viele rote Steine
und wie viele blaue Steine
sind im Säckchen?

4 Wie viele 🟥 sind es, wie viele 🟦 sind es?

a) Füllt zwei Säckchen mit sechs Bausteinen und arbeitet wie Justus und Jette.
Was habt ihr herausgefunden?

b) Vergleicht eure Ergebnisse in der Klasse.

5 Rot gewinnt

a) Aus welchem der beiden Säckchen
würdest du ziehen? Begründe.

b) Zeichne ein Säckchen, mit dem du
sicher gewinnst.

c) Zeichne ein Säckchen, mit dem es
unmöglich ist, zu gewinnen.

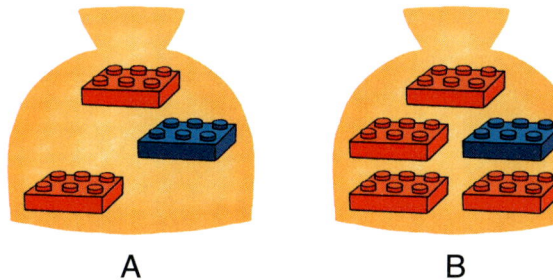

A   B

6 Male zwei Säckchen, die passen könnten.

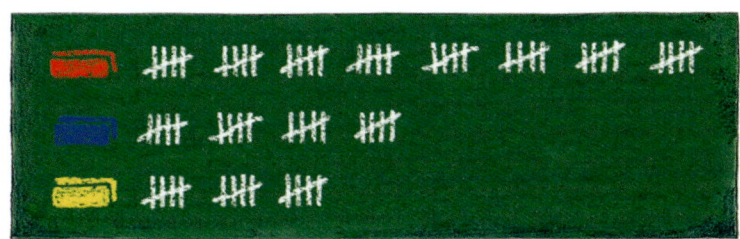

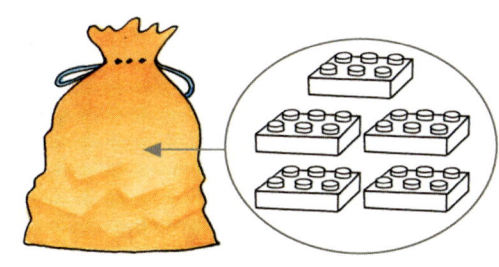

Zahlenfolgen

So schreibe ich es auf.

$$1 + 1 = 2$$
$$2 + 2 = 4$$
$$4 + 3 = 7$$
$$7 + \underline{\quad} = 11$$
$$11 +$$

Zahlenfolgen
Wie heißen die nächsten drei Zahlen?

1, 2, 4, 7, 11, —, —, —

$1 \xrightarrow{+1} 2 \xrightarrow{+2} 4 \xrightarrow{+3} 7 \xrightarrow{+4} 11 \longrightarrow$

So geht es schneller!

1 a) Weißt du, wie es weitergeht? Rechne, so weit du kannst.

b) Probiere es auch mit dieser Zahlenfolge: 93, 92, 90, 87 …

2 Wie geht es weiter? Setze die Zahlenfolgen fort.

a) 8, 10, 12 … 20   b) 1, 3, 5 … 13   c) 40, 45, 50 … 70

d) 47, 45, 43 … 35   e) 64, 62, 60 … 52   f) 90, 85, 80 … 60

3 Wie heißt die Regel? Setze die Zahlenfolgen fort.

a) 34, 38, 42 … 58   b) 48, 51, 54 … 66

c) 57, 62, 67 … 87   d) 69, 66, 63 … 51

e) 52, 48, 44 … 28   f) 81, 76, 71 … 51

g) Denke dir selbst Zahlenfolgen aus.

immer + 4
immer + ▨
immer – 3
immer – ▨

4 Vorsicht Fehler! Schreibe die Zahlenfolge richtig in dein Heft.

a) Immer + 3

23, 26, 29, 33, 36,
58, 62, 65, 68, 71, 74

b) Immer – 5

62, 57, 52, 47, 43, 38
94, 89, 84, 79, 84, 79

5 Würfelschlange: Fredo hat 50 Würfel.

Er legt die drei Farben immer in der gleichen Reihenfolge:

a) Welche Farbe hat der 15. Würfel?

b) Wie viele blaue Würfel sind es bis zum 22. Würfel?

c) Kann es sein, dass der 50. Würfel rot ist?

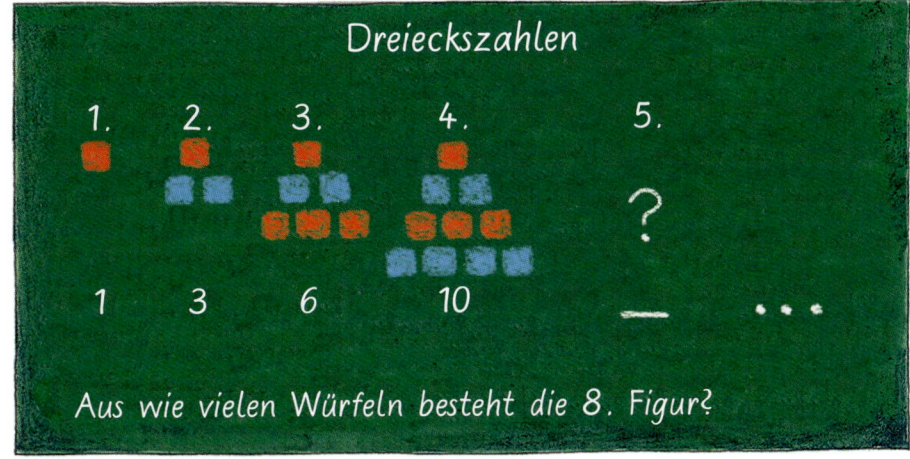

Dreieckszahlen

1. 2. 3. 4. 5.

1   3   6   10   ___   ...

Aus wie vielen Würfeln besteht die 8. Figur?

So lösen Jette, Justus und Fredo die Aufgabe:

Ich lege mit meinen Würfeln.

1.)
2.) 1 + 2 = 3
3.) 3 + 3 = 6
4.) 6 + 4 = 10

1 Wie löst du die Aufgabe?

2 Aus wie vielen Würfeln besteht die 10. Figur?

3 Aus wie vielen Würfeln besteht ...   a) ... die 13. Figur?
                                             b) ... die 15. Figur?

Rechteckszahlen

4 Wie viele Würfel hat Fredo unter dem Tuch versteckt?

5 Aus wie vielen Würfeln besteht die 6. Figur?

6 Aus wie vielen Würfeln besteht die 10. Figur?

Ein Klappbuch mit lustigen Tieren

1 Stelle so ein Klappbuch her. Finde lustige Tiere. Notiere ihre Namen. Findest du alle Möglichkeiten?

2 Finde verschiedene Möglichkeiten. Notiere.

Pegukan

3 Ein Klappbuch mit Fredo, Frida und Fips:
Finde verschiedene Möglichkeiten und notiere sie.

Wie sehe ich als Flesenhund aus?

 Bastle ein Klappbuch mit deinen Lieblingstieren.

4 a) Wie viele Wörter mit zwei Silben kannst du mit diesen Silben bilden? Notiere sie.

Kur   Ho   Na   Ga

se   bel

b) Vergleiche mit einem Partner. Habt ihr gleich viele Wörter gefunden?

5 Verschiedene Türme aus drei Bausteinen:

a) Finde alle Möglichkeiten und notiere sie.

b) Vergleiche mit einem Partner.

6 Türme aus vier Bausteinen: Wie viele Möglichkeiten gibt es?

a)

b)

c)

Was stellst du fest? Erkläre.

1 Links und rechts gleich: Welche Karte passt? Erkläre.

2 Legt mit den Zahlenkarten wie Justus und Jette und schreibt auf.

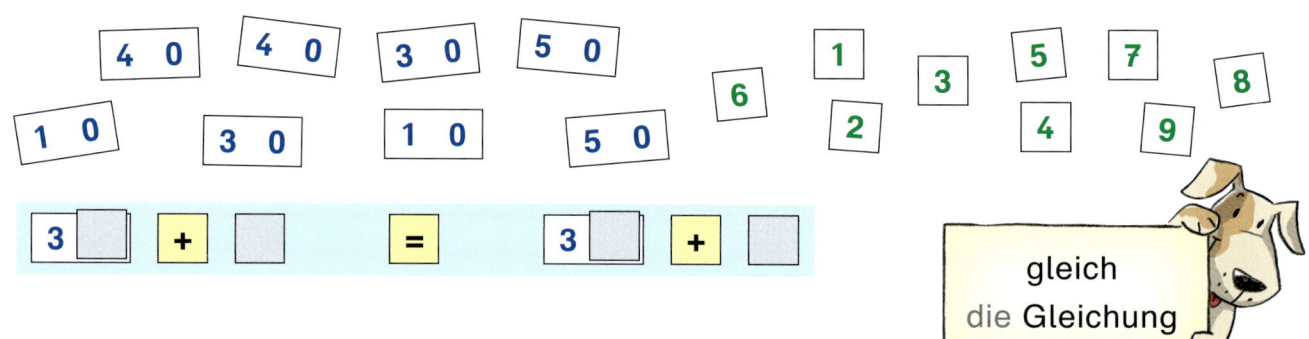

gleich
die Gleichung

3 Finde die passende Zahl.

a)
$1\,5 + 7 = 1\,7 + \square$

$2\,8 + 3 = \square + 4$

$3\,6 + 4 = 3\,2 + \square$

$4\,3 + 8 = \square + 7$

b)
$2\,5 + \square = 2\,6 + 4$

$\square + 8 = 1\,8 + 5$

$4\,6 + \square = 4\,5 + 7$

$\square + 9 = 5\,3 + 8$

Überlege, bevor du rechnest.

4 Finde die passende Zahl.

a) $14 + 16 = 12 + \square$

$15 + 17 = \square + 18$

$29 + 13 = 14 + \square$

$45 + 24 = \square + 34$

b) $18 + \square = 19 + 14$

$\square + 27 = 45 + 28$

$27 + \square = 35 + 28$

$\square + 55 = 54 + 46$

$18 + 5 = \square + \square$

Wie viele Aufgaben findest du?
Wie gehst du vor?

Beilage zum Schülerbuch: Zahlenkarten und Rechenzeichen

Ungleich

$$2\ 7\ +\ 6\ >\ 2\ 8\ +\ \boxed{}$$

Da passen vier Zahlen.

ungleich

1 Links und rechts ungleich: Welche Zahlen passen? Erkläre.

2 Welche von diesen Zahlen passen? Schreibe wie Justus.

1   2   3   4   5   6   7   8   9

a) 16 + 5 > 17 +
    24 +   > 25 + 5
    73 + 4 <   + 70
      + 56 < 52 + 9

b)   + 67 > 2 + 69
    35 + 7 >   + 37
    48 +   < 44 + 6
    89 + 3 < 85 +

3 Finde die **kleinste** passende Zahl.

a) 18 + 4 < 19 +
   23 + 17 <   + 18
   54 +   > 50 + 50

b)   + 71 > 71 + 26
   42 + 36 < 35 +
   66 +   > 65 + 33

4 Vergleiche: > oder <?

a) 14 + 3 ◯ 13 + 3
   23 + 5 ◯ 25 + 5
   32 + 6 ◯ 32 + 7

b) 26 + 5 ◯ 22 + 6
    7 + 39 ◯ 40 + 7
   65 + 9 ◯ 9 + 64

c) 77 + 10 ◯ 79 + 7
    4 + 48 ◯ 45 + 6
    0 + 99 ◯ 10 + 88

5 Vergleiche: > oder <? Siehst du das auf einen Blick?

a) 15 + 15 ◯ 14 + 14
   17 + 12 ◯ 18 + 13
   36 + 23 ◯ 35 + 25

b) 43 + 26 ◯ 24 + 42
   25 + 25 ◯ 50 + 1
   58 + 9 ◯ 59 + 10

c) 14 + 67 ◯ 67 + 13
   72 + 26 ◯ 73 + 27
    0 + 100 ◯ 92 + 9

Finde selbst Aufgaben zu <, =, >.

 1 Wie hat Jette die Knobelmauer gelöst? Erkläre.

Hast du sie auch gelöst? Genauso wie Jette? Anders?

2 Löse die Knobelmauern.

a) 17 / 2 / 5   b) 16 / 5 / 5   c) 15 / 3 / 4   d) 18 / 9 / 5

3 Löse die Knobelmauern.

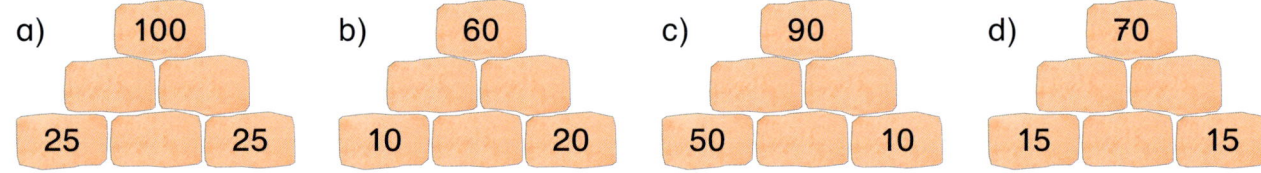

a) 100 / 25 / 25   b) 60 / 10 / 20   c) 90 / 50 / 10   d) 70 / 15 / 15

4 Löse die Knobelmauern.

Vorsicht! Nicht alle Mauern sind lösbar.

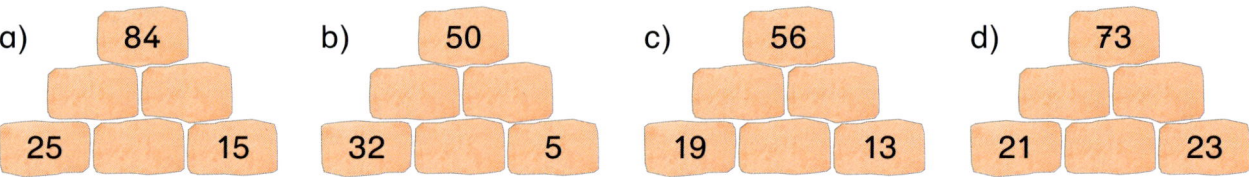

a) 84 / 25 / 15   b) 50 / 32 / 5   c) 56 / 19 / 13   d) 73 / 21 / 23

e) Wenn eine Mauer nicht lösbar ist, dann ändere einen Grundstein so, dass du sie lösen kannst.

Erfinde Knobelmauern. Schreibe die jeweilige Lösung auch dazu.

1 Findest du die fehlenden Zahlen?

2 Die **Innenzahlen** ergeben zusammen **100**. Finde die fehlenden Zahlen.

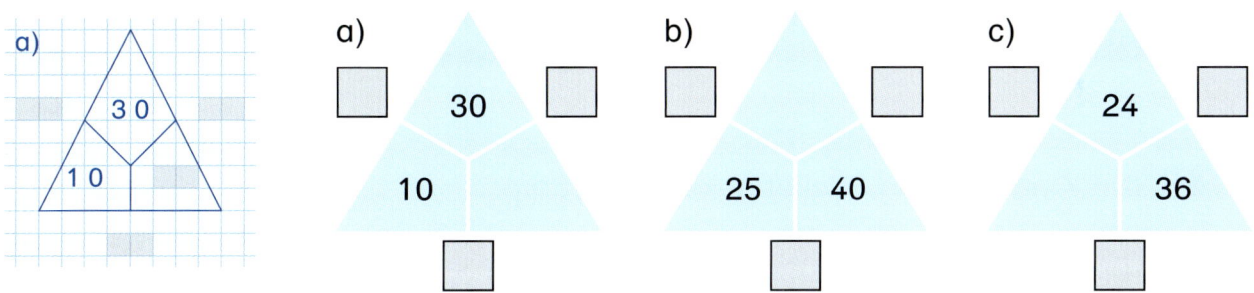

a)

a)

b)

c)

3 Die **Innenzahlen** ergeben zusammen **100**. Finde die fehlenden Zahlen.

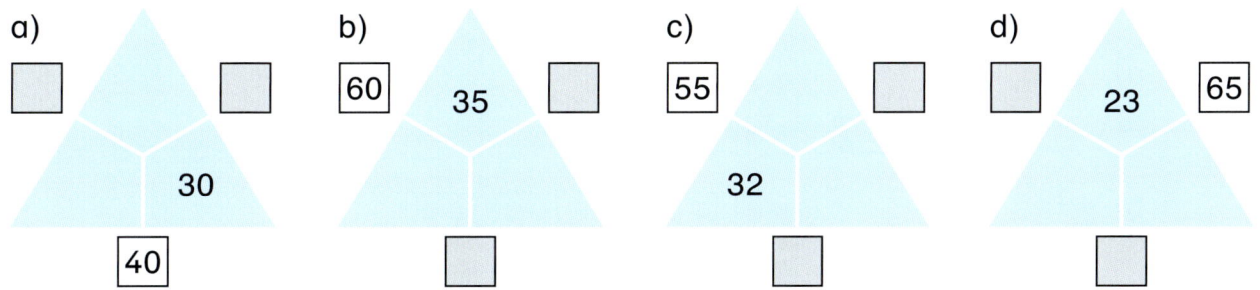

a)

b)

c)

d)

4 a) Berechne die **Außenzahlen**. Musst du immer neu rechnen?

b) Rechne die **Innenzahlen** zusammen. Rechne die **Außenzahlen** zusammen.
Was stellst du fest?

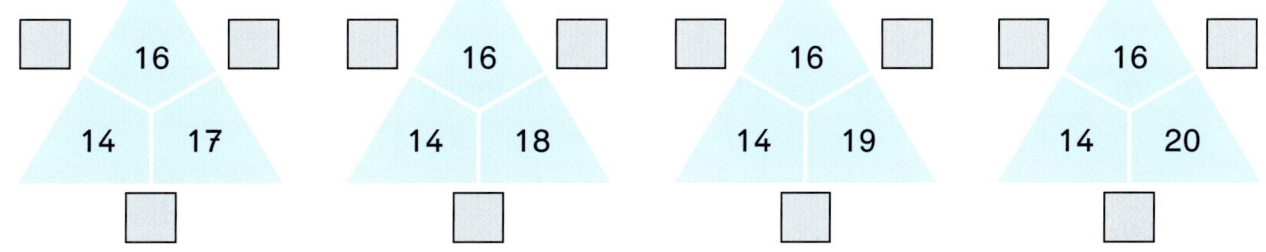

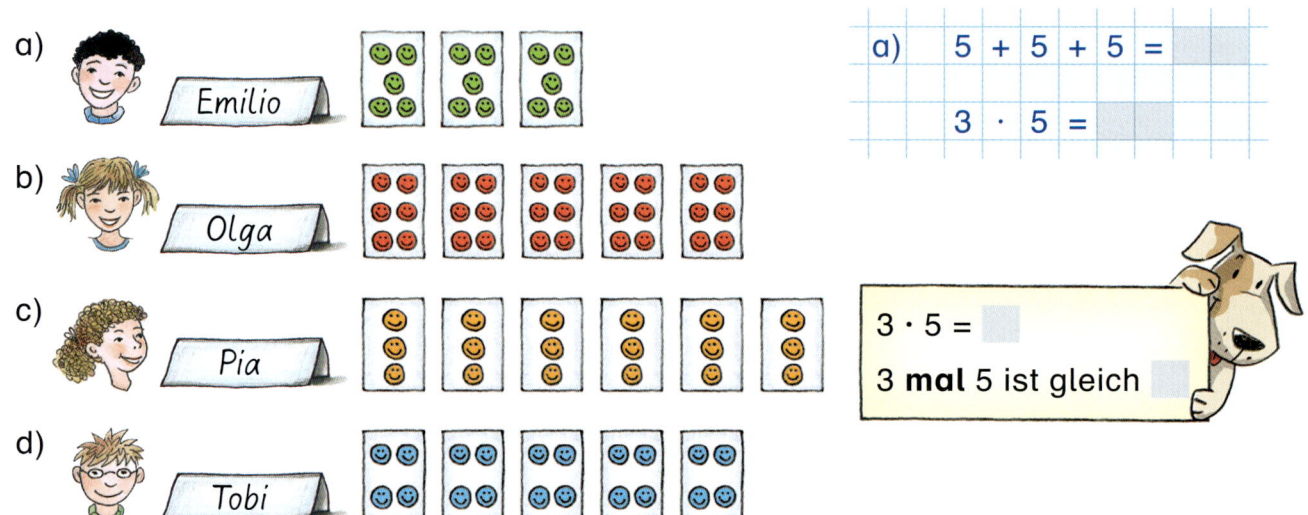

Plusaufgaben und Malaufgaben

Jette
Jana
Resul
Justus
Kim

Und wie viele Sticker habe ich noch?

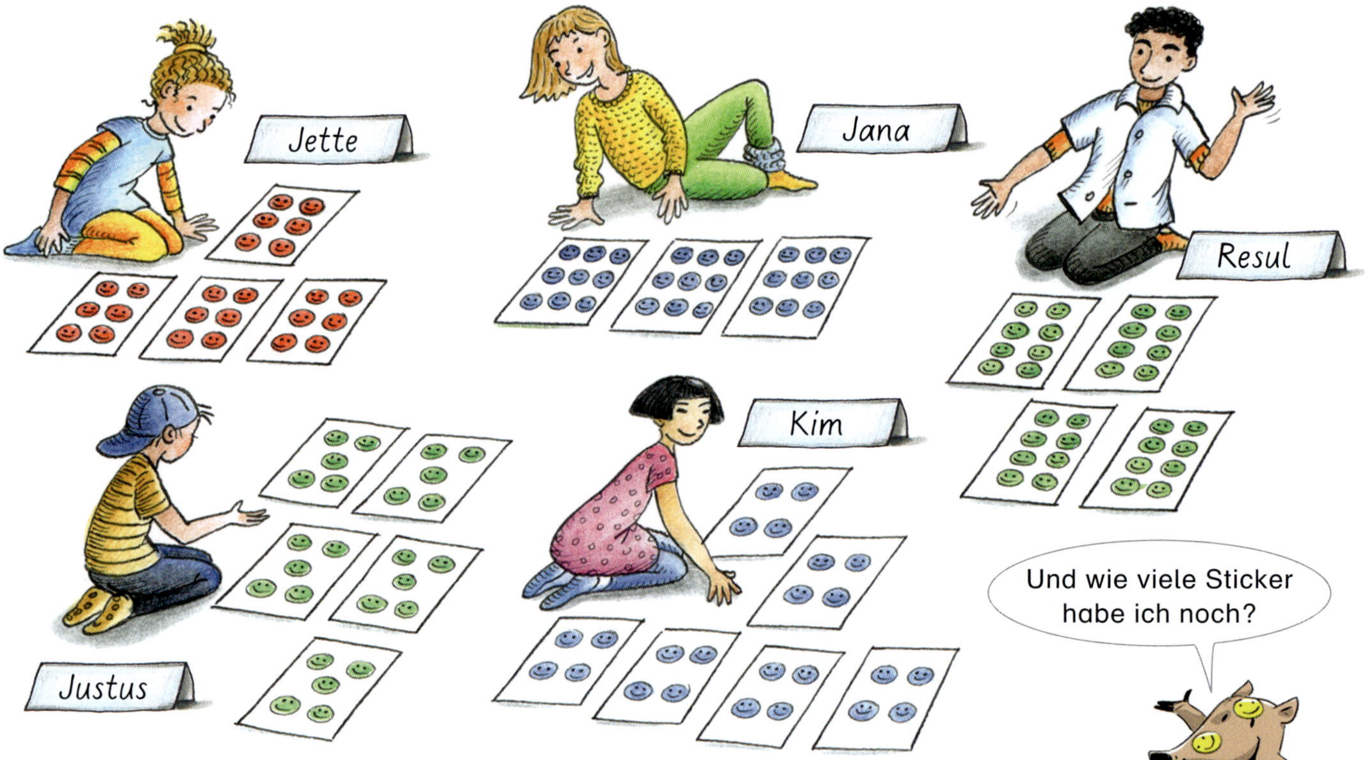

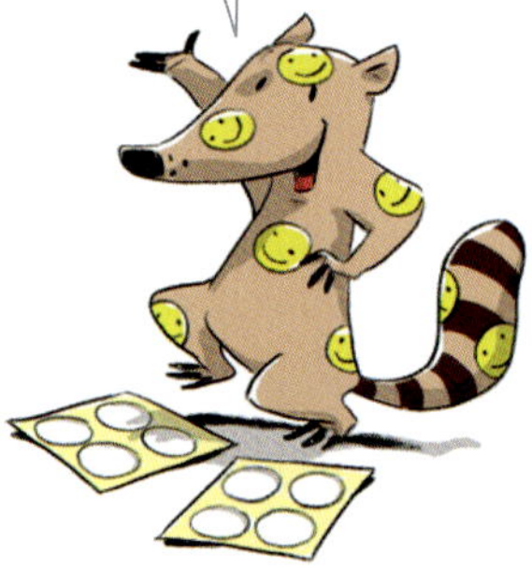

1 Die Kinder haben Sticker gekauft. Erzähle.

2 Wer hat die meisten Sticker? Wie hast du das herausgefunden?

3 Wer hat hier die meisten Sticker? Schreibe und rechne immer die Plusaufgabe und die Malaufgabe.

a)
Emilio

b)
Olga

c)
Pia

d)
Tobi

a) 5 + 5 + 5 =

3 · 5 =

3 · 5 =

3 **mal** 5 ist gleich

4 Wie viele Sticker sind es insgesamt bei Aufgabe 1?
Wie viele Sticker sind es insgesamt bei Aufgabe 3?

Welche Malaufgaben kannst du schon rechnen? Schreibe auf.

5 Welche Malaufgaben passen zu den Bildern?
Erkläre.

Das sind doch nicht alles Malaufgaben!

a)

a) | 4 · 5

b)

c)

d)

e)

f)

g)

h)

i)

j)

k)

Suche mit der **Mal-Brille** Malaufgaben.
Zeichne oder klebe sie in dein Lerntagebuch.
Schreibe immer die Malaufgabe dazu.

6 Würfelbilder: Wie heißen die Malaufgaben?   a) | 3 · 5

a)

b)

c)

d)

e)

f)

Zeichne und schreibe eigene Malaufgaben mit Würfeln wie bei Aufgabe 6.

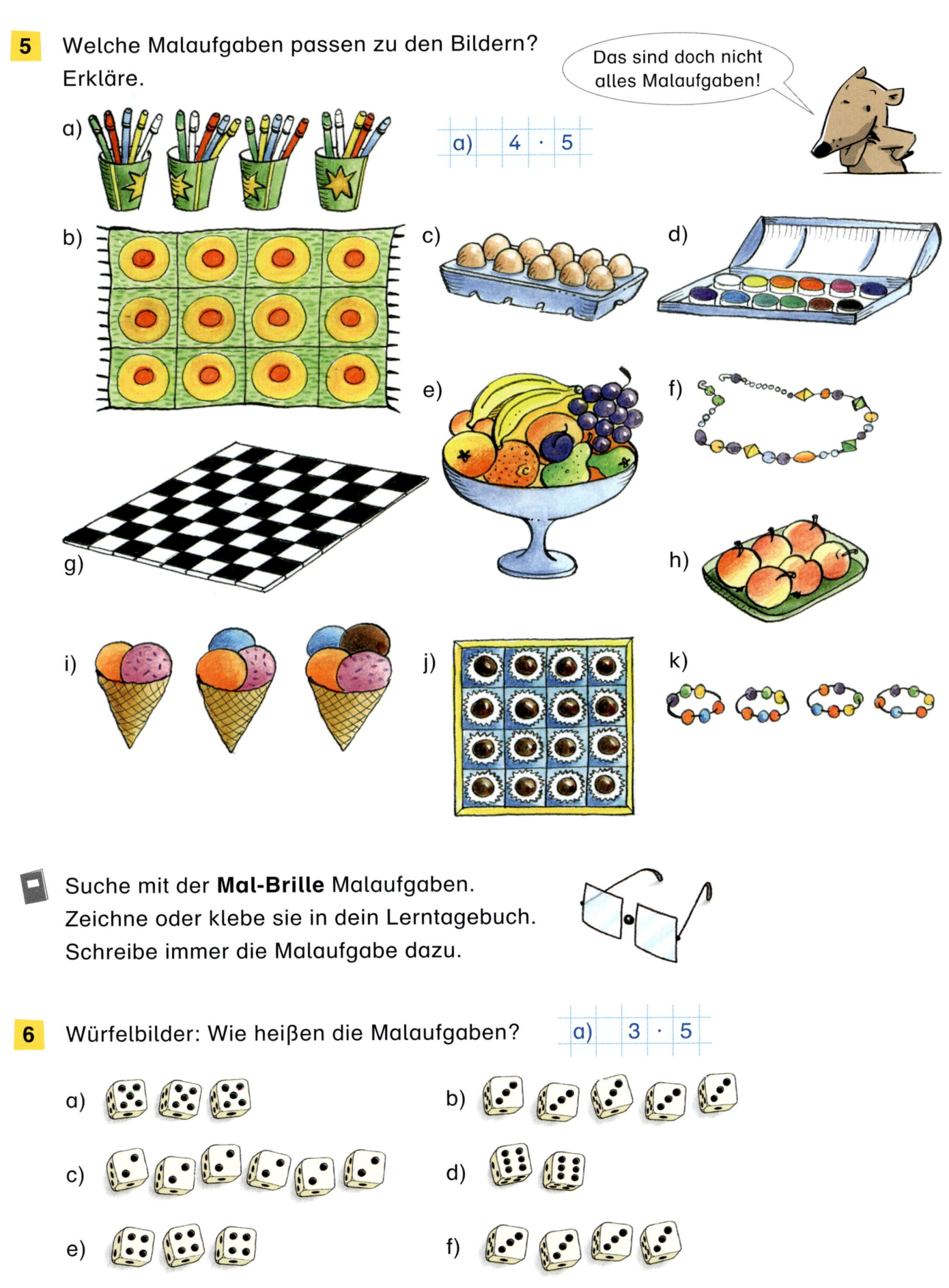

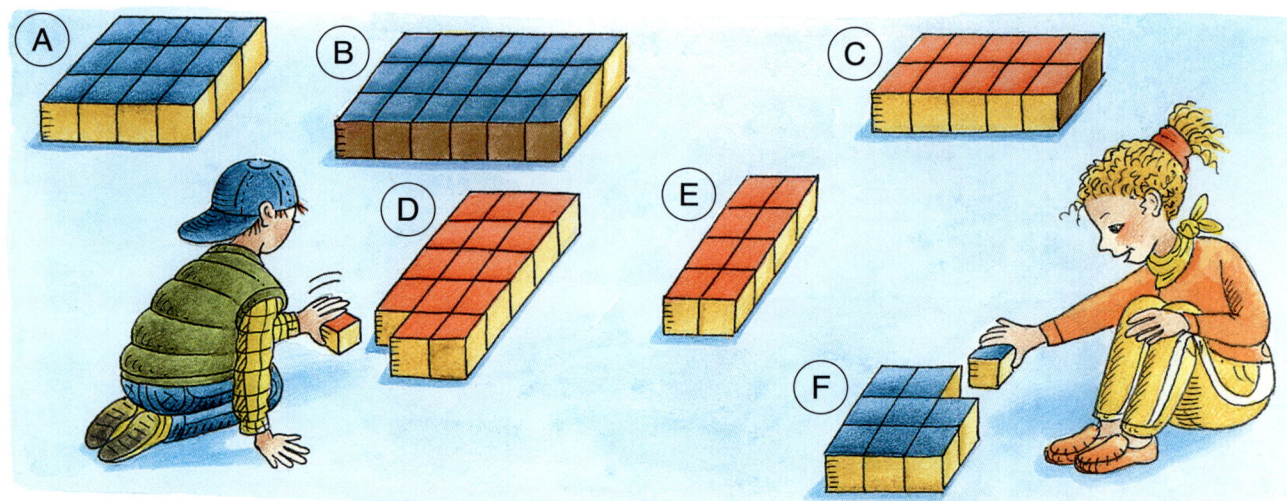

1 Justus und Jette haben mit Würfeln Malaufgaben gelegt.
Lege mit Würfeln nach. Schreibe die passende Malaufgabe.

(A)   3 · 4

2 Immer **fünf** mehr: Lege nach.
Schreibe die passende Plusaufgabe und Malaufgabe.

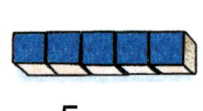   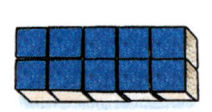   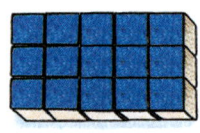   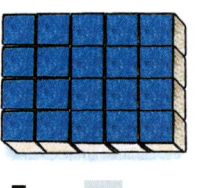

5	5 + 5	5 + 5 + 5	5 + ☐ + …
1 · 5	2 · 5	☐ · 5	☐ · ☐

3 Zeichne und schreibe die passende Plusaufgabe und Malaufgabe.

a) Immer **drei** mehr

1 · 3	2 · 3	3 · 3	4 · 3	5 · 3

b) Immer … mehr

3 · 4	4 · 4	5 · 4	6 · 4	7 · 4

c) Immer … mehr

2 · 6	3 · 6	4 · 6	5 · 6	6 · 6

a)   3
     1 · 3
     3 + 3
     2 · 3

4 a) Und hier? Immer … mehr

2 · 3	2 · 4	2 · 5	2 · 6	2 · 7

b) Und hier? Immer … mehr

5 · 3	5 · 4	5 · 5	5 · 6	5 · 7

0 · 0?

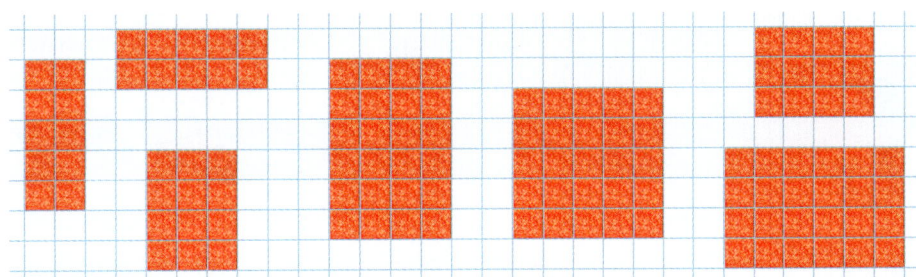

1 Immer zwei Malfelder gehören zusammen. Warum?

Zeichne und schreibe so in dein Heft. Welches Malfeld bleibt übrig? Erkläre.

Aufgabe und Tauschaufgabe!

2 · 5

5 · 2

das Malfeld
die Malaufgabe
die Tauschaufgabe

2 Aufgabe und Tauschaufgabe: Zeichne die Malfelder ab.

Schreibe die Malaufgaben dazu.

a)

3 · 6

b)

c)

3 Aufgabe und Tauschaufgabe: Zeichne beide Malfelder.

Schreibe die Malaufgaben dazu.

a)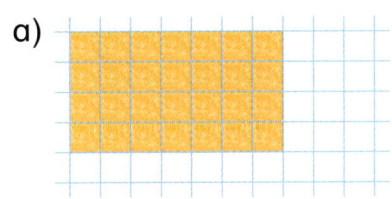

b)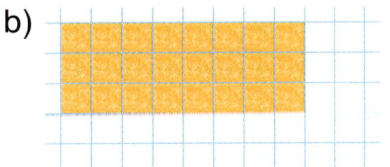

c)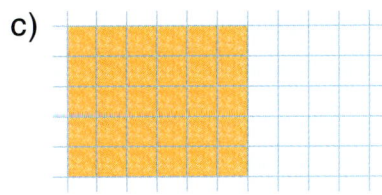

d)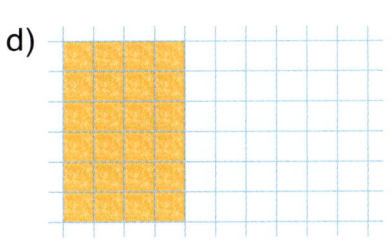

e)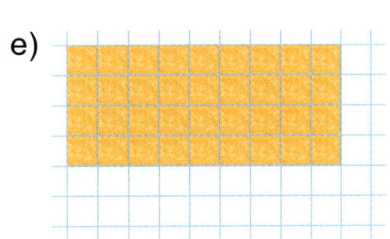

f)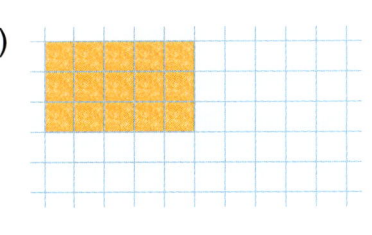

Malgeschichten

AH S. 55 FH S. 54

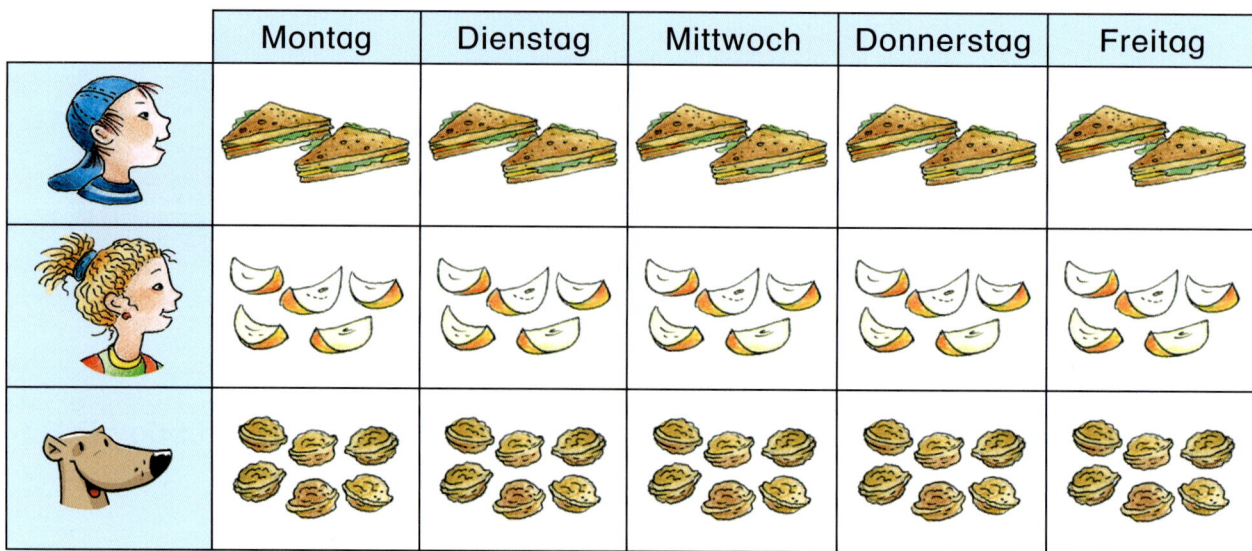

Montag
Dienstag
Mittwoch
Donnerstag
Freitag

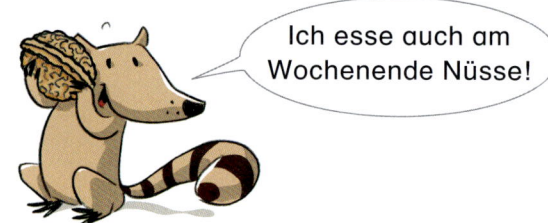

Ich esse auch am Wochenende Nüsse!

1 Erzähle zu den Bildern Malgeschichten.
Wie heißen die Malaufgaben?

2 Ein gemeinsames Frühstück in der Klasse.
Erzählt und schreibt die Malaufgaben auf.

a)

$1 \cdot 6$ $2 \cdot 6$ $\square \cdot \square$

b)

$1 \cdot 4$ $2 \cdot 4$ $\square \cdot \square$

c)

$1 \cdot 2$ $2 \cdot 2$ $\square \cdot \square$

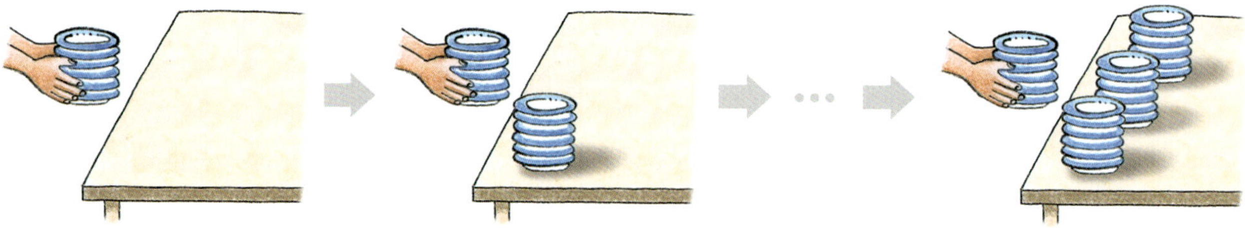

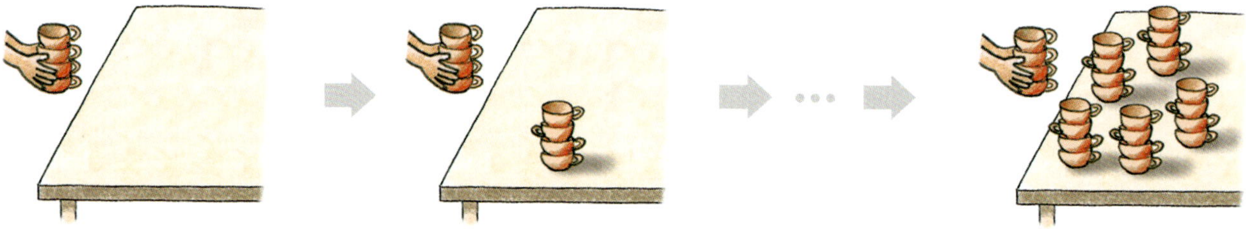

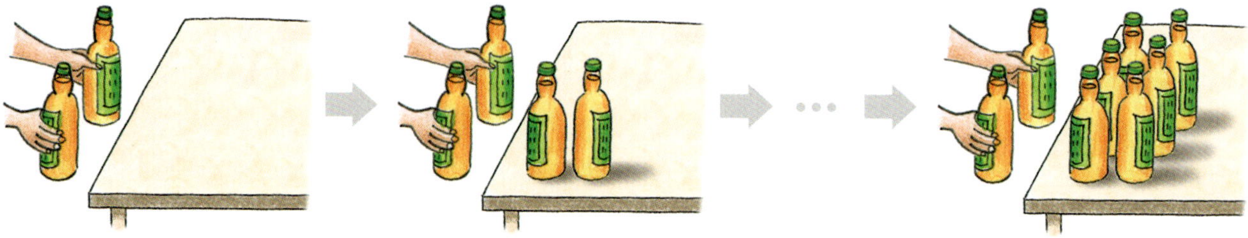

3 Wie heißt die passende Aufgabe?

a) Ich lese jeden Abend 4 Seiten in meinem Buch. Wie viele Seiten habe ich nach 10 Tagen gelesen?

b) Ich putze mir jeden Tag 3-mal die Zähne. Wie oft putze ich sie in einer Woche?

c) In 6 Wochen habe ich Geburtstag. Wie viele Tage sind das noch?

d) Im Kino läuft seit 9 Tagen 3-mal täglich „Hexe Lilli". Wie oft ist der Film gelaufen?

e) Ich trinke jeden Tag 2 Gläser Milch. Wie viele Gläser sind das in einer Woche?

f) Ich gehe 2-mal in der Woche zum Fußballtraining. Im Winter sind 8 Wochen Pause. Wie oft fällt das Training aus?

6 · 7   7 · 3   9 · 3   8 · 2   10 · 4   7 · 2

4 Welche Geschichte ist eine Malgeschichte?
Schreibe sie auf und rechne.

Ich bin schon 3-mal mit dem Flugzeug geflogen. Wir sind immer um 7 Uhr gestartet.

Ich habe schon 2-mal auf dem Bauernhof Urlaub gemacht. Dort gibt es drei Pferde.

Ich war schon 4-mal in Spanien, jedes Mal 2 Wochen lang.

Erfinde eigene Malgeschichten. Ein Partner soll sie lösen.

1 Wie viele Hände sind es? Wie viele Kinder sind es? Wie viele Finger sind es?

2 a) Welche Malaufgabe passt zu welchem Rätsel?

Schreibe so: a)   *Jana:*   6 ·   =

Jana: Wie viele Finger haben 6 Hände insgesamt?

Tobi: Wie viele Finger haben 3 Kinder insgesamt?

Jette: Wie viele Finger haben 6 Mädchen insgesamt?

Justus: Wie viele Daumen haben 7 Hände insgesamt?

Noemi: Wie viele Finger haben die beiden rechten Hände von Justus und Jette?

Und wie viele Finger habe ich?

3 · 10   6 · 10   6 · 5   2 · 5   7 · 1

b) Stellt euch selbst solche Rätsel.

3 Schreibe das Einmaleins mit 1 und 10 in dein Heft.

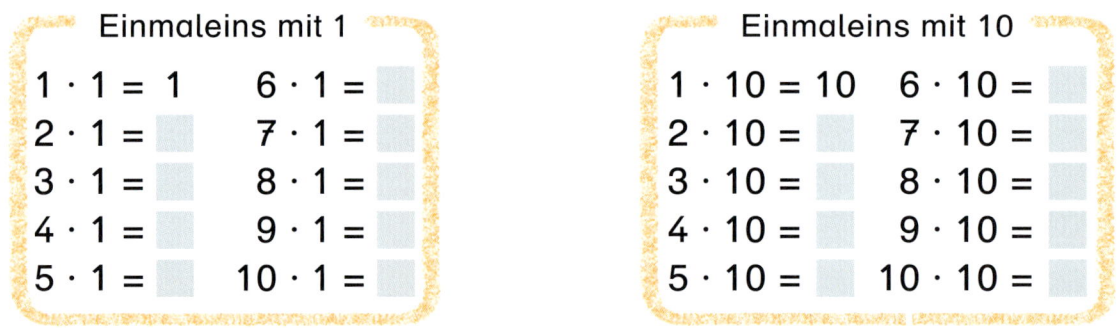

Einmaleins mit 1

1 · 1 = 1   6 · 1 =
2 · 1 =   7 · 1 =
3 · 1 =   8 · 1 =
4 · 1 =   9 · 1 =
5 · 1 =   10 · 1 =

Einmaleins mit 10

1 · 10 = 10   6 · 10 =
2 · 10 =   7 · 10 =
3 · 10 =   8 · 10 =
4 · 10 =   9 · 10 =
5 · 10 =   10 · 10 =

Vergleiche die Ergebnisse der beiden Reihen miteinander. Was fällt dir auf?

4 Rechne.

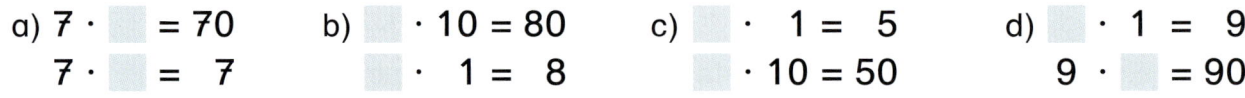

a) 7 ·   = 70   b)   · 10 = 80   c)   · 1 = 5   d)   · 1 = 9
   7 ·   = 7   · 1 = 8   · 10 = 50   9 ·   = 90

5 a) Lege 8 · 5 mit den Malfeldern der Fünferreihe.
Finde verschiedene Möglichkeiten. Lege, schreibe und rechne.

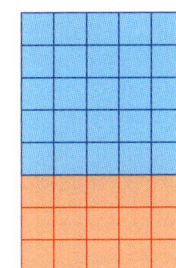 8 · 5 = ☐

5 · 5 = 25

3 · 5 = 15

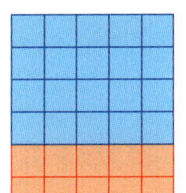 8 · 5 = ☐

4 · 5 = 20

4 · 5 = 20

b) Finde verschiedene Möglichkeiten zu 10 · 5 . Lege, schreibe und rechne.

c) Vergleiche mit einem Partner. Habt ihr die gleichen Möglichkeiten gefunden?

6 Zwei kleine Malfelder – ein großes Malfeld: Rechne.

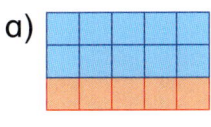

a)   2 · 5 = 1 0

1 · 5 =

3 · 5 =

b) 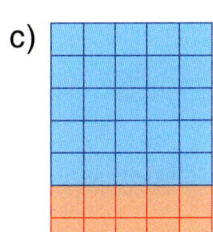   c)   d)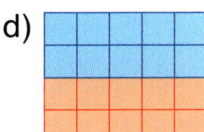

7 Zwei kleine Malfelder – ein großes Malfeld: Lege und rechne.

a) 6 · 5 = ☐
3 · 5 = ☐
9 · 5 = ☐

b) 3 · 5 = ☐
4 · 5 = ☐
7 · 5 = ☐

c) 8 · 5 = ☐
2 · 5 = ☐
· 5 = ☐

d) 9 · 5 = ☐
1 · 5 = ☐
· 5 = ☐

e) 4 · 5 = ☐
2 · 5 = ☐
· 5 = ☐

8 Schreibe das Einmaleins mit 5 in dein Heft.
Was fällt dir bei den Ergebnissen auf?

Einmaleins mit 5

1 · 5 = 5	6 · 5 = ☐
2 · 5 = ☐	7 · 5 = ☐
3 · 5 = ☐	8 · 5 = ☐
4 · 5 = ☐	9 · 5 = ☐
5 · 5 = ☐	10 · 5 = ☐

9 Rechne. Was fällt dir auf?

a) 2 · 10
2 · 5

b) 4 · 10
4 · 5

c) 6 · 10
6 · 5

d) 8 · 10
8 · 5

10 Rechne. Was fällt dir auf?

a) 4 · 10
8 · 5

b) 3 · 10
6 · 5

c) 5 · 10
10 · 5

d) 1 · 10
2 · 5

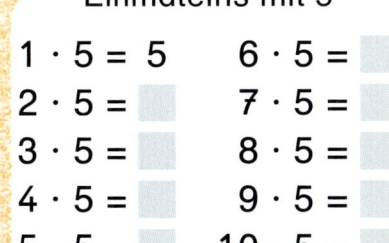

das Ergebnis
halb so groß wie
doppelt so groß wie
gleich groß

11 a) Wie viele Hände haben alle Kinder deiner Klasse zusammen?
b) Wie viele Finger haben alle Kinder deiner Klasse zusammen?

1 Wie viele Enten sind es? Wie viele Füße sind es?

2 Wie viele Füße haben die Enten zusammen? Schreibe die Malaufgaben. Rechne.

a) 4 Enten   b) 8 Enten   c) 3 Enten   d) 9 Enten

e) 5 Enten   f) 6 Enten   g) 0 Enten   h) 10 Enten

a)   4 · 2 = 8

3 Wie viele Schuhe sind es? Schreibe die Malaufgabe und rechne.

a)    b)    c)    d)

4 Schreibe das Einmaleins mit 2 in dein Heft.
Was fällt dir bei den Ergebnissen auf?

Einmaleins mit 2

1 · 2 = 2	6 · 2 =
2 · 2 =	7 · 2 =
3 · 2 =	8 · 2 =
4 · 2 =	9 · 2 =
5 · 2 =	10 · 2 =

5 Rechne.

a) 1 · 2   b) 2 · 2   c) 3 · 2   d) 4 · 2   e) 5 · 2

   2 · 2   4 · 2   6 · 2   8 · 2   10 · 2

Vergleiche mit einem Partner.
Was fällt euch bei den Aufgabenpaaren und Ergebnissen auf?

6 Rechne.

a) ▢ · 2 = 4   b) ▢ · 2 = 6   c) ▢ · 2 = 8   d) ▢ · 2 = 2   e) ▢ · 2 = 0

f) ▢ · 2 = 10   g) ▢ · 2 = 12   h) ▢ · 2 = 14   i) ▢ · 2 = 16   j) ▢ · 2 = 18

7 a) Immer zwei mehr: Wie weit kommst du? 2, 4, 6 …

b) Verdopple immer weiter. Wie weit kommst du? 2, 4, 8 …

1 Schreibe zu den Malfeldern immer Aufgabe und Tauschaufgabe. Rechne.

Ein Malfeld, zwei Aufgaben!

a)

a)   3 · 5 =
     5 · 3 =

 b)    c)   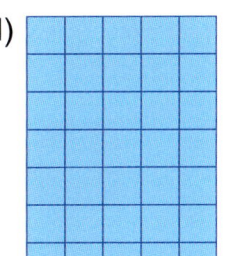 d)   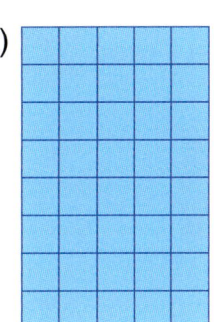 e)   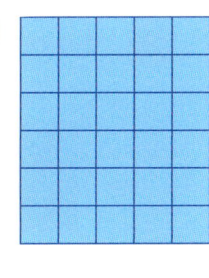 f)

Bei der Tauschaufgabe weiß ich das Ergebnis sofort.

die Tauschaufgabe
die Quadrataufgabe

2 Rechne Aufgabe und Tauschaufgabe.

a) 4 · 2   b) 7 · 2   c) 9 · 2   d) 8 · 2   e) 0 · 2   f) 6 · 2
    2 · 4   2 · 7   ▢ · ▢   ▢ · ▢   ▢ · ▢   ▢ · ▢

3 Rechne Aufgabe und Tauschaufgabe.

a) 3 · 10   b) 6 · 10   c) 8 · 10   d) 4 · 10   e) 0 · 10   f) 7 · 10
    10 · 3   10 · 6   ▢ · ▢   ▢ · ▢   ▢ · ▢   ▢ · ▢

4 Rechne Aufgabe und Tauschaufgabe.

a) 3 · 5   b) 6 · 5   c) 7 · 5   d) 9 · 5   e) 8 · 5   f) 4 · 5
    5 · 3   5 · 6   ▢ · ▢   ▢ · ▢   ▢ · ▢   ▢ · ▢

5 Quadrataufgaben: Zeichne. Wie geht es weiter?

Haben die Quadrataufgaben auch eine Tauschaufgabe?

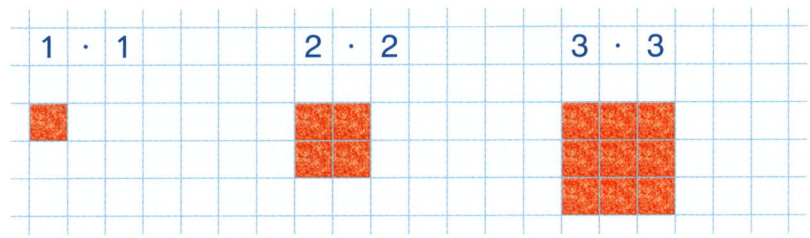

1 · 1   2 · 2   3 · 3

1 Wie viele Beine haben die Schildkröten zusammen?
Schreibe und rechne die Malaufgabe.

a) 2 Schildkröten   b) 5 Schildkröten   c) 10 Schildkröten
d) 0 Schildkröten   e) 1 Schildkröte   f) 8 Schildkröten

2 So rechnet Fredo 3 · 4 und 6 · 4 mithilfe der Kernaufgaben:

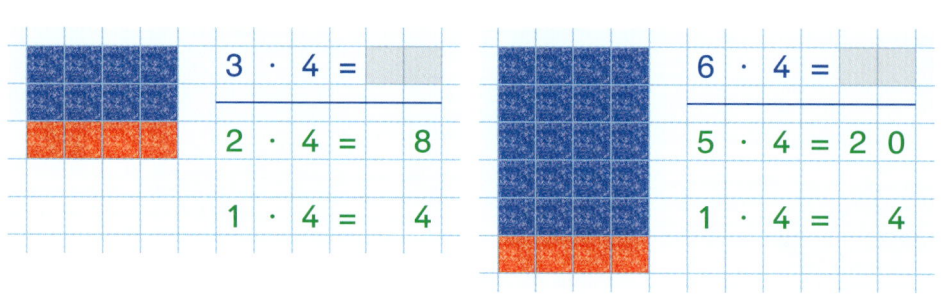

3 · 4 =	6 · 4 =	1 · 4 5 · 4
2 · 4 = 8	5 · 4 = 2 0	2 · 4 10 · 4
1 · 4 = 4	1 · 4 = 4	

Das sind die Kernaufgaben zum Einmaleins mit 4.

Wie kannst du 7 · 4 mithilfe der Kernaufgaben rechnen?
Zeichne und schreibe auf.

3 Rechne. Die Kernaufgaben helfen dir bei den anderen Aufgaben.

a) 🍏 Kernaufgaben

1 · 4   5 · 4
2 · 4   10 · 4

b) schwierige Aufgaben

3 · 4   8 · 4
6 · 4   9 · 4
7 · 4   4 · 4

c) Tauschaufgaben

4 · 3   4 · 8
4 · 6   4 · 9
4 · 7

 Vergleicht eure Rechenwege bei den schwierigen Aufgaben.
Mit welchen Kernaufgaben habt ihr gerechnet?

4 Schreibe das Einmaleins mit 4 in dein Heft.
Was fällt dir bei den Ergebnissen auf?

Die Kernaufgaben lerne ich auswendig.

Einmaleins mit 4

1 · 4 = 4   6 · 4 =
2 · 4 =   7 · 4 =
3 · 4 =   8 · 4 =
4 · 4 =   9 · 4 =
5 · 4 =   10 · 4 =

5 a) Wie viele Ecken haben 5 große Quadrate und 2 blaue Rechtecke?
b) 25 Ecken: Wie viele Dreiecke und wie viele Quadrate können es sein?

Beilage zum Schülerbuch: Malfelder

1 Wie viele Beine haben die Spinnen zusammen?
Schreibe und rechne die Malaufgabe.

Spinnen haben 8 Beine.

a) 1 Spinne   b) 0 Spinnen   c) 5 Spinnen   d) 10 Spinnen   e) 2 Spinnen

2 Wie rechnet Fredo 9 · 8 ? Erkläre.

3 Rechne zuerst die grünen Aufgaben.

a)
9 · 8 = ☐
―――――
✂ 10 · 8 = 80
⊖ 1 · 8 = 8

b)
4 · 8 = ☐
―――――
✂ 5 · 8 = ☐
⊖ 1 · 8 = ☐

c)
8 · 8 = ☐
―――――
✂ 10 · 8 = ☐
⊖ 2 · 8 = ☐

d)
3 · 8 = ☐
―――――
✐ 2 · 8 = ☐
⊕ 1 · 8 = ☐

e)
6 · 8 = ☐
―――――
✐ 5 · 8 = ☐
⊕ 1 · 8 = ☐

f)
7 · 8 = ☐
―――――
✐ 5 · 8 = ☐
⊕ 2 · 8 = ☐

4 Rechne. Die Kernaufgaben helfen dir bei den anderen Aufgaben.

a) 🍏 Kernaufgaben

1 · 8   5 · 8
2 · 8   10 · 8

b) schwierige Aufgaben

3 · 8   7 · 8
4 · 8   9 · 8
6 · 8   8 · 8

c) Tauschaufgaben

8 · 3   8 · 7
8 · 4   8 · 9
8 · 6

Vergleicht eure Rechenwege bei den schwierigen Aufgaben.
Mit welchen Kernaufgaben habt ihr gerechnet?

5 Schreibe das Einmaleins mit 8 in dein Heft.
Was fällt dir bei den Ergebnissen auf?

Die Kernaufgaben lerne ich auswendig.

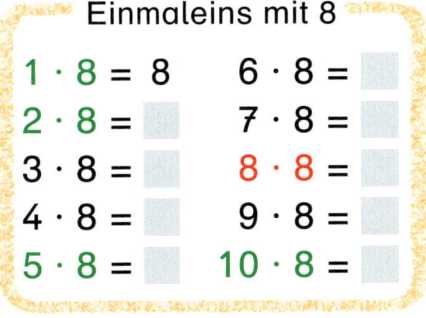

Einmaleins mit 8

1 · 8 = 8   6 · 8 = ☐
2 · 8 = ☐   7 · 8 = ☐
3 · 8 = ☐   8 · 8 = ☐
4 · 8 = ☐   9 · 8 = ☐
5 · 8 = ☐   10 · 8 = ☐

6 Zwei Zahlen gesucht: Sie sind Ergebnisse aus dem Einmaleins mit 2, 4 **und** 8.

91

Knobeleien mit Tierbeinen

 1 a) Wie viele Tiere sieht Fredo?

Wie viele Beine haben diese Tiere zusammen?

b) Was überlegt Fredo?

Erkläre.

$$4 \cdot 8 + 3 \cdot 4 + 5 \cdot 2$$

2 a) Fredo zählt 8 Beine.

Zu welchen Tieren könnten sie gehören?

Es gibt 4 Möglichkeiten.

b) Fredo zählt 12 Beine.

Zu welchen Tieren könnten sie gehören?

a) 1 Spinne

    Schildkröten

    Schildkröte und   Papageien

    Papageien

3 a) Fredo zählt 16 Beine.

Zu welchen Tieren könnten sie gehören?

Es gibt 9 Möglichkeiten.

Schreibe oder male möglichst viele auf.

b) Wie bist du vorgegangen?

Vergleiche mit einem Partner.

c) Habt ihr in der Klasse alle 9 Möglichkeiten gefunden?

Ich überlege mir, wie ich vorgehe. Ich fange mit zwei Spinnen an.

4 Fredo zählt 24 Beine. Findest du alle 16 Möglichkeiten?

5 Schreibe ins Heft:

a) 2 Schildkröten haben zusammen genauso viele Beine wie ▢ Papageien.

Ich kürze ab: Sch, Sp, P.

b) 2 Spinnen haben zusammen genauso viele Beine wie ▢ Schildkröten.

c) 3 Schildkröten haben zusammen genauso viele Beine wie ▢ Papageien.

d) 2 Spinnen haben zusammen genauso viele Beine wie ▢ Papageien.

e) 5 Schildkröten haben zusammen genauso viele Beine wie ▢ Papageien.

6 Setze die fehlenden Zahlen ein.

a) $2 \cdot 8 = 4 \cdot 4$
   $2 \cdot 4 = 4 \cdot 2$

b) $3 \cdot 8 = \square \cdot 4$
   $3 \cdot 4 = \square \cdot 2$

c) $4 \cdot 8 = \square \cdot 4$
   $4 \cdot 4 = \square \cdot 2$

d) $5 \cdot 8 = \square \cdot 4$
   $5 \cdot 4 = \square \cdot 2$

7 Versuche das Rätsel zu lösen. Erkläre, was du gemacht oder überlegt hast.

Ich sehe Spinnen und Schildkröten. Es sind 8 Tiere. Sie haben zusammen 44 Beine.

8 Jette knobelt an Fredos Rätsel von Aufgabe 7. So beginnt sie:

8 Tiere

Das sind erst 32 Beine – 12 Beine zu wenig!

Was könnte sie jetzt machen? Probiere aus.

9 Löse dieses Rätsel.

Ich sehe Schildkröten und Papageien. Es sind 10 Tiere. Sie haben zusammen 28 Beine.

10 Löse dieses Rätsel.

Ich sehe doppelt so viele Spinnen wie Schildkröten. Zusammen haben sie 100 Beine.

Erfinde auch ein Rätsel mit Tieren und Beinen.

93

Es ist neun Uhr und fünfzehn Minuten.

Wo lese ich fünfzehn Minuten ab?

h kommt vom lateinischen Wort „**h**ora" und heißt „Stunde".

1 Stunde hat 60 Minuten
1 h   =   60 min

 1 Kannst du Justus helfen? Erkläre.

2 Wie spät ist es?

der Minutenzeiger
der Stundenzeiger

a)    b)    c) 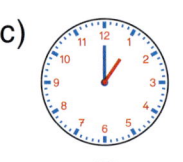   d)

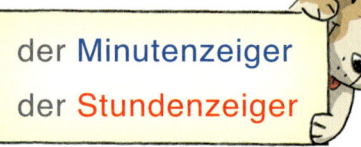

a)   2. 0 0 Uhr
     1 4. 0 0 Uhr

e) 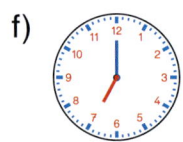   f) 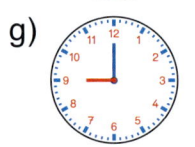   g)    h)

3 Wie spät ist es?

a)   2. 1 5 Uhr
     1 4. 1 5 Uhr

a) 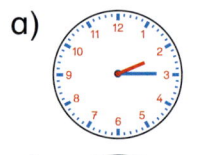   b) 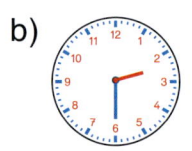   c) 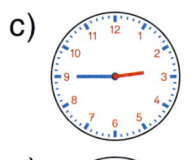   d)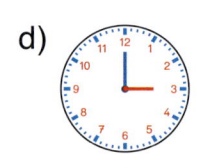

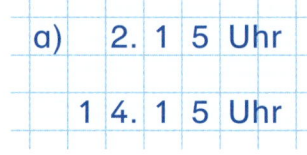

e) 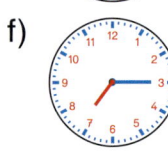   f) 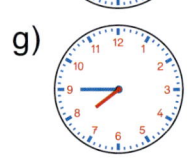   g)    h)    i) 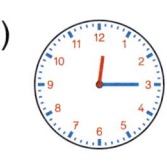   j)

4 Stelle die Uhrzeiten auf der Lernuhr ein. Dein Partner kontrolliert.

a)   7.30 Uhr   11.45 Uhr   12.15 Uhr   14.45 Uhr   16.00 Uhr   19.30 Uhr

b)   zwölf Uhr   sechs Uhr   sieben Uhr und 15 Minuten   zehn Uhr und 30 Minuten

5 Notiere die Uhrzeiten.

zehn vor drei   zwanzig nach vier   fünf nach halb eins   fünf vor halb sieben

Welche Uhrzeiten sind für dich wichtig? Male und schreibe auf.

94

Viertel nach sieben

viertel acht

halb acht

Viertel vor acht

drei viertel acht

acht Uhr

 6 Wie nennst du die Uhrzeit auf dem Bild?

7 Wie viele Minuten sind vergangen?

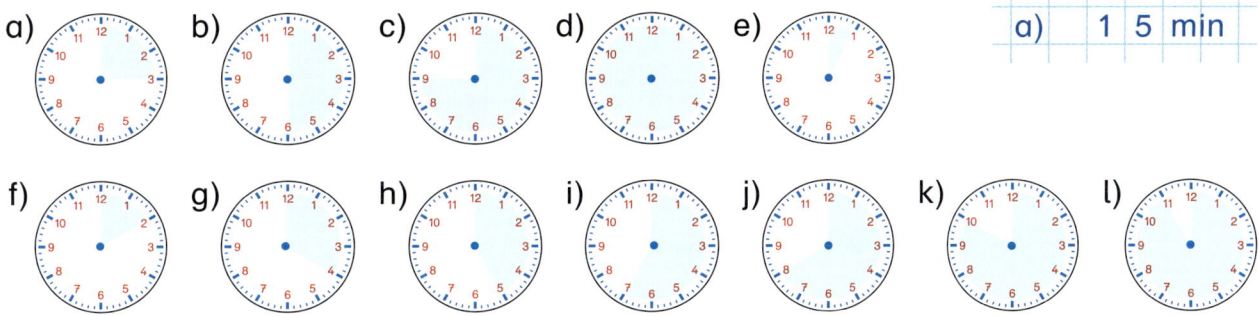

a) b) c) d) e)

a)		1	5	min

f) g) h) i) j) k) l)

Ordne die Minuten der Größe nach.

8 Wie spät ist es?

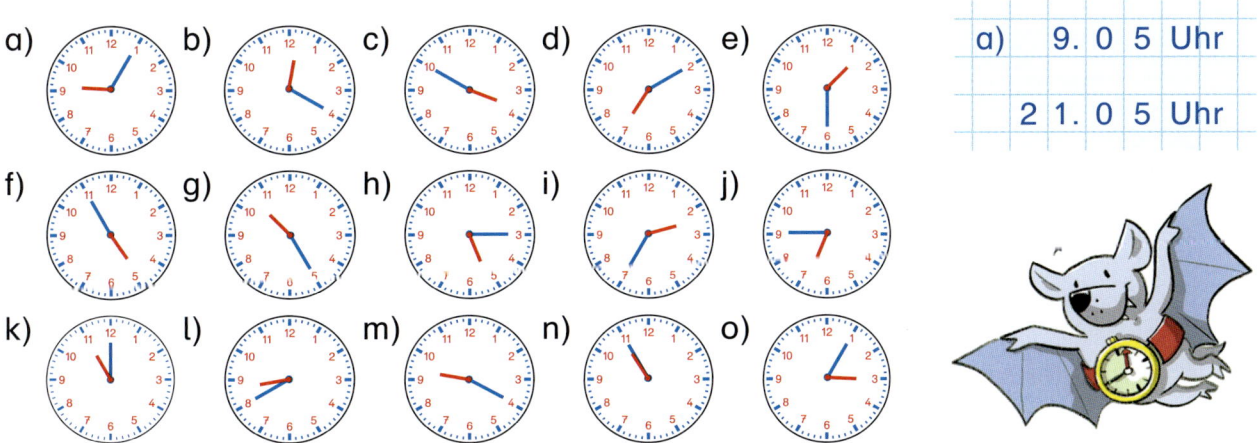

a) b) c) d) e)

a)		9.	0	5	Uhr
	2	1.	0	5	Uhr

f) g) h) i) j)

k) l) m) n) o)

 9 Stelle die Uhrzeiten auf der Lernuhr ein. Dein Partner kontrolliert.

8.35 Uhr   19.10 Uhr   14.25 Uhr   7.05 Uhr   15.55 Uhr   10.40 Uhr

Das macht Justus in dieser Woche an den Nachmittagen:

Montag	Dienstag	Mittwoch	Donnerstag	Freitag	Samstag	Sonntag
Fußball-training	Friseur	Jette treffen		Schwimm-kurs	Oma besuchen	Familien-ausflug
15.45 Uhr bis 16.45 Uhr	14.30 Uhr bis 15.00 Uhr	15.00 Uhr bis 18.00 Uhr		16.15 Uhr bis 17.15 Uhr	15.30 Uhr bis 17.30 Uhr	11.00 Uhr bis 16.00 Uhr

1 Was macht Justus …

a) … am Montag?   b) … am Mittwoch?   c) … am Freitag?   d) … am Sonntag?

2 Um wie viel Uhr …

a) … geht Justus zum Friseur?   b) … beginnt der Schwimmkurs?

c) … endet das Fußballtraining?   d) … ist der Familienausflug zu Ende?

3 Wie lange dauert …

a) … das Fußballtraining?

b) … der Friseurbesuch?

a)   1 5. 4 5 Uhr —— 1 h ——▶ 1 6. 4 5 Uhr

c) … das Treffen mit Jette?   d) … der Schwimmkurs?

e) … der Besuch bei Oma?   f) … der Familienausflug?

4 Wie lange dauert es? Schreibe wie bei Aufgabe 3.

a) 12:15 ⟶ 17:15   b) 09:30 ⟶ 12:30   c) 14:00 ⟶ 18:00

d) 08:00 ⟶ 08:30   e) 15:45 ⟶ 16:45   f) 16:15 ⟶ 17:00

5 a) Wie viele Stunden hat das Hallenbad dienstags geöffnet?

b) An welchen Wochentagen hat das Hallenbad am längsten geöffnet?

Hallenbad
Öffnungszeiten

Mo	geschlossen
Di	14.00 – 20.00 Uhr
Mi	14.00 – 18.00 Uhr
Do	nur Vereine
Fr	12.00 – 20.00 Uhr
Sa, So	10.00 – 19.00 Uhr

6 Tom geht am Mittwoch um 14.00 Uhr ins Hallenbad und bleibt 4 Stunden. Um 18.00 Uhr gibt es Abendessen. Kann Tom rechtzeitig zu Hause sein? Begründe.

7 a) Jette geht am Mittwoch um 16.00 Uhr ins Hallenbad. Wie lange kann sie noch im Bad bleiben?

b) Timo möchte ab 16.00 Uhr ins Hallenbad gehen und drei Stunden bleiben. An welchen Tagen ist das möglich?

8 Wie viele Stunden in der Woche hat das Hallenbad insgesamt geöffnet?

Minuten und Sekunden

1 Minute hat 60 Sekunden
1 min = 60 s

1 Vergleiche die beiden Stoppuhren. Was kannst du ablesen?

2 Wie viele Sekunden sind vergangen?

a) 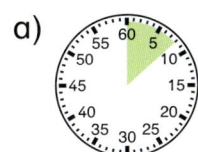 b) 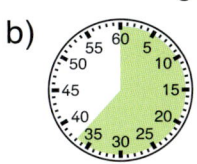 c) 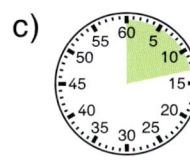 d) 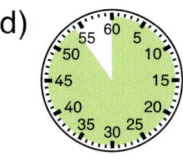 e)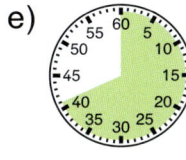

3 Überlegt: Wann sind Sekunden wichtig? Notiert mehrere Beispiele.

4 Betrachtet den Sekundenzeiger einer Uhr bei seiner Runde.

a) Zählt die Sekunden mit. b) Klopft die Sekunden auf dem Tisch mit.

5 Schätzt zuerst.
Messt dann die benötigte Zeit mit einer Stoppuhr oder mit dem Sekundenzeiger einer Uhr. Notiert.

a) geschätzt:

gemessen:

Wie viele Sekunden braucht ihr, …

a) … um einen Stift anzuspitzen? b) … um das ABC aufzusagen?

c) … um von 1 bis 20 zu zählen? d) … um 10 Kniebeugen zu machen?

Was kannst du in einer Minute tun?

6 Immer 1 Minute: Ergänze.

| 10 s | 20 s | 30 s | 40 s | 50 s | 55 s |

1 0 s + ☐ s = 1 min

7 Immer 1 Minute: Ergänze.

| 56 s | 15 s | 28 s | 19 s | 6 s | 43 s |

5 6 s + ☐ s = 1 min

8 Schreibe in Minuten und Sekunden.

a) 65 s   b) 70 s   c) 82 s   d) 94 s

e) 100 s   f) 106 s   g) 112 s   h) 120 s

a) 6 5 s = 1 min 5 s

1 Wie viele Beine haben die Hocker zusammen?
Schreibe und rechne die Malaufgabe.

a) 1 Hocker   b) 7 Hocker   c) 0 Hocker   d) 10 Hocker   e) 5 Hocker   f) 6 Hocker

2 Von der Kernaufgabe zur schwierigen Aufgabe.

a) 5 · 3   b) 5 · 3   c) 10 · 3   d) 10 · 3
   4 · 3   6 · 3   9 · 3   8 · 3

3 Welche Kernaufgaben helfen dir?

a) 7 · 3 = ☐
   _____
   5 · 3 = 15
   2 · 3 = ☐

b) 6 · 3 = ☐
   _____
   ☐ · ☐ = ☐
   ☐ · ☐ = ☐

c) 8 · 3 = ☐
   _____
   ☐ · ☐ = ☐
   ☐ · ☐ = ☐

d) 4 · 3 = ☐
   _____
   ☐ · ☐ = ☐
   ☐ · ☐ = ☐

4 Rechne. Wie löst du die schwierigen Aufgaben? Erkläre.

a) 🍎 Kernaufgaben

   1 · 3   5 · 3
   2 · 3   10 · 3

b) schwierige Aufgaben

   4 · 3   8 · 3
   6 · 3   9 · 3
   7 · 3   3 · 3

c) Tauschaufgaben

   3 · 4   3 · 8
   3 · 6   3 · 9
   3 · 7

5 Schreibe das Einmaleins mit 3 in dein Heft. Kennzeichne die Kernaufgaben.

6 Rechne.

a) ☐ · 3 = 15   b) ☐ · 3 = 30   c) ☐ · 3 = 6   d) ☐ · 3 = 3   e) ☐ · 3 = 0

f) ☐ · 3 = 21   g) ☐ · 3 = 9   h) ☐ · 3 = 27   i) ☐ · 3 = 12   j) ☐ · 3 = 18

7 Welche Zahlen sind …

a) … sowohl in der Dreierreihe als auch in der Fünferreihe?

b) … sowohl in der Zweierreihe als auch in der Viererreihe und der Fünferreihe?

Ich liebe Kernaufgaben!

Einmaleins mit 6

1 Wie viele Beine haben die Käfer zusammen?
Schreibe und rechne die Malaufgabe.

a) 1 Käfer   b) 7 Käfer   c) 0 Käfer   d) 5 Käfer

e) 10 Käfer   f) 6 Käfer   g) 4 Käfer   h) 2 Käfer

2 Welche Kernaufgaben helfen dir?

a)
$3 \cdot 6 =$ ▢
_____
$2 \cdot 6 = 12$
$1 \cdot 6 =$ ▢

b)
$4 \cdot 6 =$ ▢
_____
▢ $\cdot$ ▢ $=$ ▢
▢ $\cdot$ ▢ $=$ ▢

c)
$7 \cdot 6 =$ ▢
_____
▢ $\cdot$ ▢ $=$ ▢
▢ $\cdot$ ▢ $=$ ▢

d)
$9 \cdot 6 =$ ▢
_____
▢ $\cdot$ ▢ $=$ ▢
▢ $\cdot$ ▢ $=$ ▢

3 Rechne. Wie löst du die schwierigen Aufgaben? Erkläre.

a) 🍏 Kernaufgaben

$1 \cdot 6$ $5 \cdot 6$
$2 \cdot 6$ $10 \cdot 6$

b) schwierige Aufgaben

$3 \cdot 6$ $8 \cdot 6$
$4 \cdot 6$ $9 \cdot 6$
$7 \cdot 6$ $6 \cdot 6$

c) Tauschaufgaben

$6 \cdot 3$ $6 \cdot 8$
$6 \cdot 4$ $6 \cdot 9$
$6 \cdot 7$

4 Schreibe das Einmaleins mit 6 in dein Heft. Kennzeichne die Kernaufgaben.

5 a) Zeichne die Tabelle und fülle sie aus.

b) Was fällt dir auf?
Markiere oder schreibe auf.

·	0	1	2	3	4	5	6	7	8	9	10
3	0	3	6								
6											

6 Rechne.

a) ▢ $\cdot 6 = 12$ b) ▢ $\cdot 6 = 18$ c) ▢ $\cdot 6 = 30$ d) ▢ $\cdot 6 = 24$ e) ▢ $\cdot 6 = 6$

f) ▢ $\cdot 6 = 60$ g) ▢ $\cdot 6 = 36$ h) ▢ $\cdot 6 = 48$ i) ▢ $\cdot 6 = 42$ j) ▢ $\cdot 6 = 0$

7 In einer Schachtel sind 5 Reihen Pralinen.
In jeder Reihe sind 6 Stück.
Oma hat schon einige Pralinen gegessen.
Rundherum fehlt die äußere Reihe.
Wie viele Pralinen sind noch übrig?

Ich zeichne mir das auf.

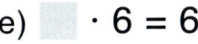

Dies ist der Siebenpunkt-Marienkäfer.

1 Wie viele Punkte haben die Käfer zusammen?

a) 1 Käfer b) 2 Käfer c) 4 Käfer d) 3 Käfer

e) 8 Käfer f) 5 Käfer g) 10 Käfer h) 0 Käfer

2 Wo findest du Zahlen aus der Siebenerreihe im Kalender?

März						
Mo	Di	Mi	Do	Fr	Sa	So
	1	2	3	4	5	6
7	8	9	10	11	12	13
14	15	16	17	18	19	20
21	22	23	24	25	26	27
28	29	30	31			

3 Schreibe immer die passende Malaufgabe.
Wie viele Tage haben …

a) … zwei Wochen? b) … vier Wochen? c) … fünf Wochen?

4 Welche Kernaufgaben helfen dir?

a) $3 \cdot 7 = \square$
$\square \cdot \square = \square$
$\square \cdot \square = \square$

b) $8 \cdot 7 = \square$
$\square \cdot \square = \square$
$\square \cdot \square = \square$

c) $9 \cdot 7 = \square$
$\square \cdot \square = \square$
$\square \cdot \square = \square$

d) $6 \cdot 7 = \square$
$\square \cdot \square = \square$
$\square \cdot \square = \square$

Die Kernaufgaben helfen dir.

5 Rechne.

a) Kernaufgaben
$1 \cdot 7$ $5 \cdot 7$
$2 \cdot 7$ $10 \cdot 7$

b) schwierige Aufgaben
$3 \cdot 7$ $8 \cdot 7$
$4 \cdot 7$ $9 \cdot 7$
$6 \cdot 7$ $7 \cdot 7$

c) Tauschaufgaben
$7 \cdot 3$ $7 \cdot 8$
$7 \cdot 4$ $7 \cdot 9$
$7 \cdot 6$

Vergleicht eure Rechenwege bei den schwierigen Aufgaben.
Mit welchen Kernaufgaben habt ihr gerechnet?

6 Schreibe das Einmaleins mit 7 in dein Heft. Markiere die Kernaufgaben.

7 Rechne. Was fällt dir auf?

a) $\square \cdot 7 = 14$
$\square \cdot 7 = 28$

b) $\square \cdot 7 = 21$
$\square \cdot 7 = 42$

c) $\square \cdot 7 = 35$
$\square \cdot 7 = 70$

d) $\square \cdot 7 = 28$
$\square \cdot 7 = 56$

30 – 3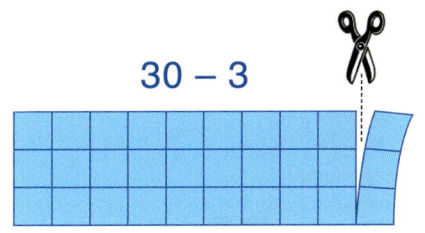

50 – 5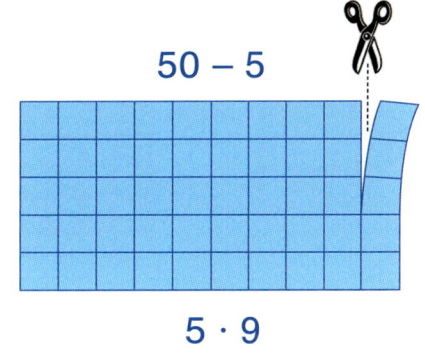

3 · 9

5 · 9

1 Wie rechnet Fredo die Aufgaben $3 \cdot 9$ und $5 \cdot 9$? Erkläre.

2 Rechne wie Fredo.

a)
$3 \cdot 9 = \square$
———
$3 \cdot 10 = 30$
$30 - 3 = \square$

b)
$5 \cdot 9 = \square$
———
$5 \cdot 10 = 50$
$50 - 5 = \square$

c)
$4 \cdot 9 = \square$
———
$4 \cdot 10 = 40$
$40 - 4 = \square$

d)
$7 \cdot 9 = \square$
———
$7 \cdot 10 = 70$
$70 - 7 = \square$

e)
$8 \cdot 9 = \square$
———
$8 \cdot 10 = \square$
$\square - \square = \square$

f)
$6 \cdot 9 = \square$
———
$6 \cdot 10 = \square$
$\square - \square = \square$

g)
$9 \cdot 9 = \square$
———
$9 \cdot 10 = \square$
$\square - \square = \square$

$0 \cdot 9?$

3 Rechne. Wie löst du die schwierigen Aufgaben? Erkläre.

a) Kernaufgaben

$1 \cdot 9$ $5 \cdot 9$
$2 \cdot 9$ $10 \cdot 9$

b) schwierige Aufgaben

$3 \cdot 9$ $7 \cdot 9$
$4 \cdot 9$ $8 \cdot 9$
$6 \cdot 9$ $9 \cdot 9$

c) Tauschaufgaben

$9 \cdot 3$ $9 \cdot 7$
$9 \cdot 4$ $9 \cdot 8$
$9 \cdot 6$

4 Schreibe das Einmaleins mit 9 in dein Heft. Kennzeichne die Kernaufgaben.

5 a) Zeichne die Tabelle und fülle sie aus.

b) Was fällt dir auf?
Markiere oder schreibe auf.

·	1	2	3	4	5	6	7	8	9	10
3	3	6								
6	6	12								
9	9	18								

6 a) 24 Ecken: Wie viele Dreiecke und Sechsecke können es sein?
Finde alle Möglichkeiten.

b) 6 Formen haben 27 Ecken.
Wie viele Dreiecke und wie viele Sechsecke sind es?

1 · 1   2 · 2   3 · 3   4 · 4   5 · 5

1 a) Schreibe alle Quadrataufgaben
mit Ergebnissen in dein Heft.

b) Betrachte die Ergebnisse.
Kannst du ein Zahlenmuster entdecken?

$1 \cdot 1 =$

$2 \cdot 2 =$

...

2 Rechne mithilfe der Quadrataufgaben. Erkläre.

a) $6 \cdot 6$ b) $3 \cdot 3$ c) $8 \cdot 8$ d) $4 \cdot 4$ e) $5 \cdot 5$ f) $9 \cdot 9$ g) $7 \cdot 7$

$7 \cdot 6$ $4 \cdot 3$ $7 \cdot 8$ $3 \cdot 4$ $6 \cdot 5$ $8 \cdot 9$ $8 \cdot 7$

3 Rechne. Markiere die Quadrataufgaben.

a) $3 \cdot 5$ b) $8 \cdot 2$ c) $8 \cdot 8$ d) $8 \cdot 10$
   $9 \cdot 1$ $7 \cdot 7$ $4 \cdot 5$ $7 \cdot 1$
   $4 \cdot 4$ $9 \cdot 10$ $6 \cdot 2$ $9 \cdot 5$
   $6 \cdot 10$ $6 \cdot 5$ $3 \cdot 1$ $4 \cdot 2$
   $7 \cdot 2$ $4 \cdot 1$ $7 \cdot 10$ $3 \cdot 3$

e) $\square \cdot 1 = 6$ f) $\square \cdot 9 = 81$ g) $\square \cdot 10 = 30$
   $2 \cdot \square = 20$ $2 \cdot \square = 0$ $\square \cdot 5 = 35$
   $\square \cdot 6 = 36$ $\square \cdot 2 = 6$ $\square \cdot 2 = 4$
   $\square \cdot 5 = 40$ $\square \cdot 5 = 10$ $8 \cdot \square = 8$
   $2 \cdot \square = 18$ $\square \cdot 10 = 40$ $5 \cdot \square = 10$

4 Wie viele Sticker hat jedes Kind?

Justus hat fünfmal so viele Sticker wie Jette.
Jette hat halb so viele Sticker wie Jana. Jana hat zehn Sticker.

5 Was haben Justus und Jette gemacht? Beschreibe. Was fällt dir auf?

1	2	③	4	5	⑥	7	8	⑨	10
11	⑫	13	14	⑮	16	17	⑱	19	20
㉑	22	23	㉔	25	26	㉗	28	29	㉚
31	32	33	34	35	㊱	37	38	39	40
41	㊷	43	44	45	46	47	㊽	49	50
51	52	53	(54)	55	56	57	58	59	(60)

1	②	3	④	5	⑥	7	⑧	9	⑩
11	⑫	13	⑭	15	⑯	17	⑱	19	⑳
21	22	23	㉔	25	26	27	㉘	29	30
31	㉜	33	34	35	㊱	37	38	39	㊵
41	42	43	44	45	46	47	48	49	50
51	52	53	54	55	56	57	58	59	60

6 Welche Zahlen gehören sowohl zur Dreierreihe als auch zur Sechserreihe? Schreibe immer die beiden passenden Malaufgaben auf.

$6 = 2 \cdot 3$

$6 = 1 \cdot 6$

7 Welche Zahlen gehören sowohl zur Zweierreihe als auch zur Viererreihe? Schreibe immer die beiden passenden Malaufgaben auf.

$4 = 2 \cdot 2$

$4 = 1 \cdot 4$

8 Ordne die Aufgaben und rechne.

$2 \cdot 2$ $5 \cdot 2$ $7 \cdot 8$ $1 \cdot 6$ $4 \cdot 3$ $10 \cdot 7$ $6 \cdot 8$

$3 \cdot 9$ $10 \cdot 9$ $4 \cdot 4$ $6 \cdot 3$ $5 \cdot 9$ $2 \cdot 3$

$3 \cdot 7$ $1 \cdot 7$ $10 \cdot 4$ $5 \cdot 4$ $9 \cdot 9$ $8 \cdot 6$ $6 \cdot 6$

$2 \cdot 7$ $1 \cdot 9$ $3 \cdot 3$ $5 \cdot 8$ $4 \cdot 7$ $10 \cdot 3$

Kernaufgaben	Quadrataufgaben	andere Aufgaben

9 Zahlenrätsel

b) Meine Zahl ist größer als 40. Sie gehört zur Fünferreihe und zur Zehnerreihe.

c) Wenn man das Doppelte meiner Zahl verdoppelt, erhält man 40.

a) Meine Zahl gehört zur Fünferreihe. Sie liegt zwischen 30 und 40.

Entdeckerpäckchen

A	B	C	D
32 + 42 = ☐	65 + 32 = ☐	28 + 42 = ☐	68 + 12 = ☐
42 + 44 = ☐	55 + 30 = ☐	38 + 41 = ☐	66 + 22 = ☐
52 + 46 = ☐	45 + 28 = ☐	48 + 40 = ☐	64 + 32 = ☐
62 + 48 = ☐	35 + 26 = ☐	58 + 39 = ☐	62 + 42 = ☐

> Die erste Zahl wird immer um 10 größer.
> Die zweite Zahl wird immer um 1 kleiner.
> Das Ergebnis wird immer um 9 größer.

1 a) Rechne die Entdeckerpäckchen aus.

b) Welches Päckchen hat Jette beschrieben?

c) Suche dir ein anderes Päckchen aus und beschreibe es.
Lies deine Beschreibung einem Partner vor.
Erkennt er, welches Päckchen du beschrieben hast?

2 Justus und Ali erfinden Entdeckerpäckchen mit Minusaufgaben.
So gehen sie dabei vor:

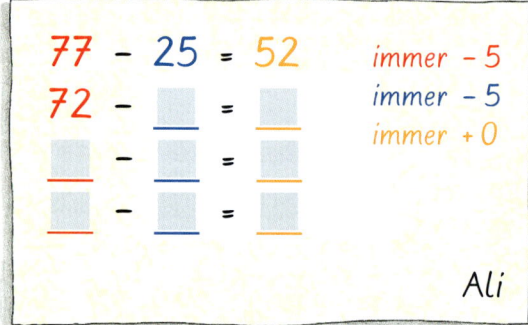

a) Setze ihre Päckchen fort.

b) Erfinde selbst ein Entdeckerpäckchen mit Minusaufgaben.

3 Das Ergebnis soll immer gleich bleiben.
Bilde zwei verschiedene Päckchen.

a)
43 + 55 = 98	43 + 55 = 98
45 + ☐ = 98	☐ + ☐ = ☐
47 + ☐ = 98	☐ + ☐ = ☐
☐ + ☐ = ☐	☐ + ☐ = ☐

b)
54 − 26 = 28	54 − 26 = 28
56 − ☐ = 28	57 − ☐ = 28
58 − ☐ = 28	☐ − ☐ = ☐
☐ − ☐ = ☐	☐ − ☐ = ☐

4 Warum muss bei den Aufgabenpaaren jeweils das gleiche Ergebnis
herauskommen? Begründe.

a)
67 + 23
68 + 22

b)
58 + 17
60 + 15

c)
47 − 29
46 − 28

d)
78 − 14
80 − 16

5 Welche Aufgaben kannst du nach der Beschreibung der Kinder fortsetzen?
Schreibe die Entdeckerpäckchen auf und rechne sie aus.

58 + 32 = ▪	**50 – 27 =** ▪	**68 – 22 =** ▪
Die erste Zahl wird immer um 2 kleiner. Die zweite Zahl bleibt immer gleich.	*Bei der ersten Zahl steht immer eine 5 an der Zehnerstelle. Die zweite Zahl wird immer größer.*	*Die erste Zahl wird immer um 2 größer. Die zweite Zahl wird immer um 1 kleiner.*

6 Hier sind drei Entdeckerpäckchen durcheinandergeraten. Sortiere.
Schreibe die Entdeckerpäckchen auf und rechne sie aus.

60 – 4	74 – 42	90 – 20	70 – 36	66 – 8	92 – 14
72 – 39	93 – 11	69 – 10	63 – 6	68 – 33	91 – 17

7 Was passiert mit dem Ergebnis, wenn man eine Zahl
in dieser Aufgabe verändert? | 53 – 22 = ▪ |
Schreibe die Satzanfänge auf und vervollständige sie.

Wenn die erste Zahl **um 2 größer** wird, dann wird das Ergebnis …

Wenn die zweite Zahl **um 2 größer** wird, dann wird das Ergebnis …

Wenn die erste Zahl **um 5 kleiner** wird, dann wird das Ergebnis …

Wenn die zweite Zahl **um 5 kleiner** wird, dann wird das Ergebnis …

8 Auch das sollen Entdeckerpäckchen werden.

a) 27 + 32	b) 57 – 38	c) 46 + 28	d) 45 – 15	e) 22 + 72
29 + 42	▪ – ▪	▪ + ▪	▪ – ▪	▪ + ▪
▪ + ▪	63 – 30	▪ + ▪	▪ – ▪	▪ + ▪
33 + 62	66 – 26	16 + 34	60 – 21	55 + 63

 Erfinde Minus-Entdeckerpäckchen mit immer gleichem Ergebnis.

Die 100 muss der Zielstein sein.

1 a) Baue die Mauern von Jette und Justus richtig auf.

b) Vergleiche die beiden Mauern miteinander.
Was ist gleich? Was ist anders?

2 Zeichne die Mauern und trage die fehlenden Zahlen ein.

a)  b)  c)  d)

Kontrolliere: Rechne von unten nach oben.

3 Zeichne die Mauern. Finde für die leeren Steine passende Zahlen.

a)  b)  c)  d)

4 Finde verschiedene Möglichkeiten, diese Mauer zu lösen.

 Vergleiche mit einem Partner.

5 Lösbar oder nicht lösbar? Probiere und kontrolliere.

a)  b)  c)  d)

6 a) Warum sind manche Mauern von Aufgabe 5 nicht lösbar?

b) Welche Zahlen müsstest du verändern, damit die Mauern lösbar sind?

c) Verändere die Zahlen so, dass die Mauern lösbar sind.

Finde weitere Mauern mit dem Zielstein 100.

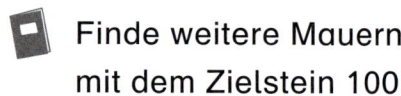   

1 Ordne die Zahlen richtig an. Erkläre.

2 Zeichne Rechendreiecke und trage die Zahlen passend ein.

a) | 3 | 9 | 11 | 12 | 14 | 20 |

b) | 2 | 8 | 10 | 11 | 13 | 19 |

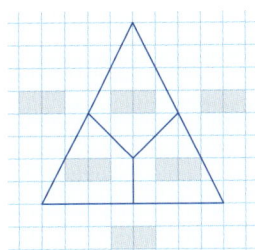

3 Zeichne Rechendreiecke und trage die Zahlen passend ein.

a) | 20 | 30 | 50 | 60 | 80 | 90 |

b) | 5 | 15 | 20 | 25 | 30 | 40 |

c) | 13 | 17 | 23 | 30 | 36 | 40 |

d) | 18 | 22 | 32 | 40 | 50 | 54 |

e) | 14 | 16 | 30 | 34 | 48 | 50 |

f) | 9 | 11 | 20 | 31 | 40 | 42 |

4 Zeichne Rechendreiecke und trage die Zahlen passend ein.

a) | 8 | 19 | 27 | 36 | 44 | 55 |

b) | 9 | 14 | 23 | 38 | 47 | 52 |

c) | 16 | 25 | 41 | 47 | 63 | 72 |

d) | 18 | 36 | 49 | 54 | 67 | 85 |

5 Finde die passenden Innenzahlen.

a)
50   30

20

b)
45   35

20

c)
40   35

25

d)
35   35

30

Messen mit dem Metermaß

1 Beantworte die Fragen.

a) Welches Tier springt am weitesten?

b) Welches Tier springt am wenigsten weit?

c) Welche Tiere springen weiter als der Löwe?

d) Welches Tier springt doppelt so weit wie ein anderes Tier?

e) Welche Tiere springen weniger weit als der Puma?

2 Erstelle dir ein Metermaß.

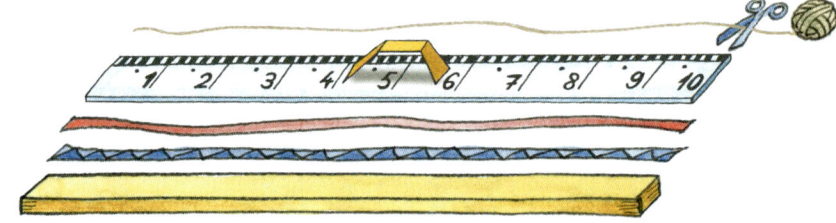

3 Messt die Sprungweiten der Tiere mit dem Metermaß
auf dem Schulhof ab. Zeichnet sie mit Kreide auf.

4 Ali behauptet, er springt ohne Anlauf 3 Meter weit. Kann das sein?
Wie weit springst du ohne Anlauf?

 Suche in deiner Umgebung nach Gegenständen, die einen Meter lang sind.

 1 Welches Problem haben die Kinder?

 2 Legt eine Startlinie fest. Macht fünf Schritte und markiert den Endpunkt.
Was stellt ihr fest?

3 Das sind Körpermaße:

Armspanne   Schritt   Fuß   Handspanne   Daumen-breite

a) Lege ein Metermaß auf den Boden. Wie viele Füße, Handbreiten … brauchst
du jeweils für einen Meter? Notiere deine Ergebnisse.

 b) Vergleicht eure Ergebnisse in der Gruppe. Was fällt euch auf? Erklärt.

Keine Lücke lassen!

4 Wie können die Kinder auf dem Bild ihr Problem mit dem Tor lösen,
wenn sie kein Metermaß haben? Was schlägst du vor?

5 Justus braucht von der Torlinie bis zum Elfmeterpunkt 18 Schritte,
Jette braucht dagegen 22 Schritte. Wer macht größere Schritte? Erkläre.

1 Kann das stimmen?

2 Messt eure Füße und schreibt eure Schuhgröße dazu.
So messt ihr richtig:

Vergleicht eure Ergebnisse zuerst in der Gruppe und dann in der Klasse.
Wer hat den längsten Fußabdruck? Wer hat den kürzesten?

3 Miss die Fußabdrücke der Tiere.

4 Wie lang sind die Streifen? Schätze und ordne zu.

| 1 cm | 2 cm | 5 cm | 9 cm | 10 cm |

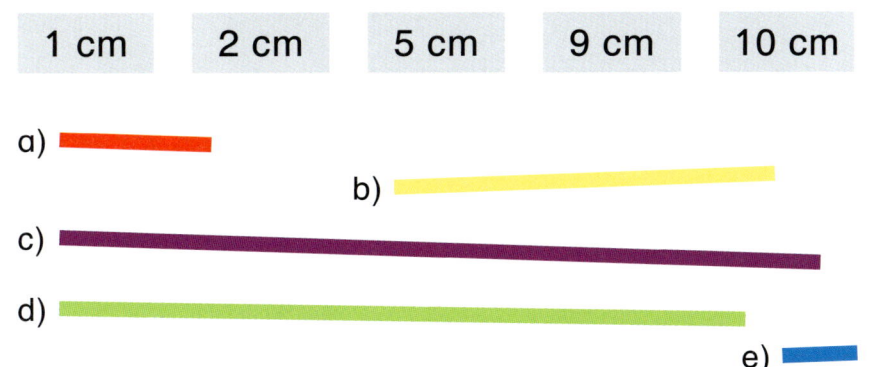

a)

b)

c)

d)

e)

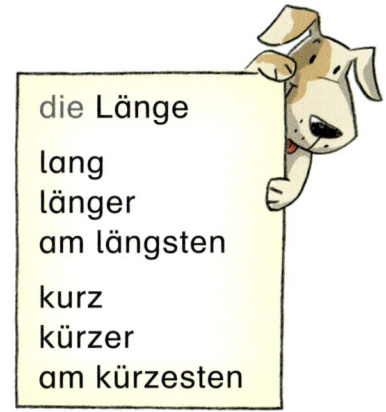

die Länge

lang
länger
am längsten

kurz
kürzer
am kürzesten

5 a) Wie lang ist der rote Streifen?
   Schätze zuerst, miss dann genau.

b) Wie lang sind die anderen Streifen?
   Schätze zuerst, miss dann genau.

	geschätzt	gemessen
rot	cm	cm
grün	cm	cm
blau	cm	cm
lila	cm	cm
gelb	cm	cm

6 Zeichne mit dem Lineal.

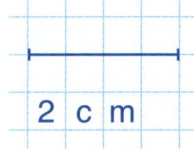

a) 5 cm

b) 1 cm

c) 3 cm

d) 12 cm

e) 10 cm

f) 13 cm

g) 8 cm

h) 7 cm

7 a) Welche Raupe hat den kürzesten Weg zum Salat?
   Schätze zuerst, miss dann genau.

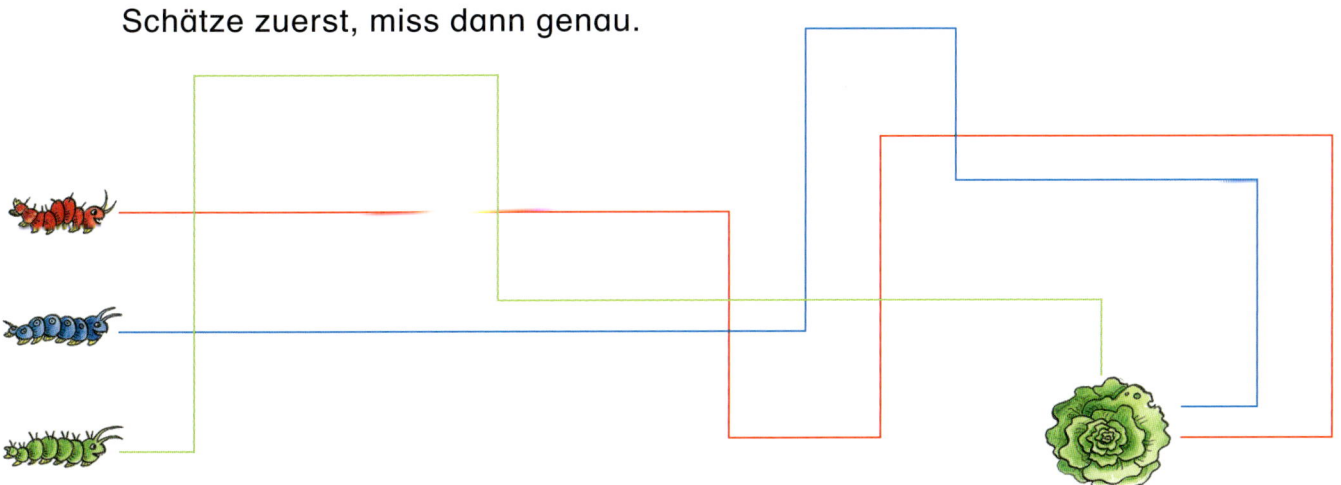

b) Zeichne selbst Raupenwege mit der Gesamtstrecke 10 cm, 15 cm, 20 cm.

1 a) Messt in der Klasse eure Körpergrößen und tragt die Ergebnisse in eine Tabelle ein.

b) Ist das Kind mit dem längsten Fuß auch das größte Kind?

2 a) Wie groß warst du bei deiner Geburt? Frage zu Hause nach.

Erstellt eine Tabelle für eure Klasse und stellt die Ergebnisse in einem Säulendiagramm dar.

Körpergrößen bei der Geburt	
kleiner als 41 cm	
41 cm bis 45 cm	
46 cm bis 50 cm	
51 cm bis 55 cm	
größer als 55 cm	

b) Ist das Kind, das bei der Geburt am größten war, auch jetzt noch am größten?

3 Immer ein Meter: Ergänze.

50 cm	10 cm	25 cm	55 cm
89 cm	78 cm	93 cm	66 cm
37 cm	12 cm	6 cm	41 cm	9 cm	1 cm

$$50\ cm + \boxed{}\ cm = 1\ m$$
$$10\ cm + \ldots$$

4 a) Wie viele Zentimeter bist du gewachsen, bis du einen Meter groß warst?

b) Wie viele Zentimeter bist du gewachsen, seit du einen Meter groß warst?

c) Wie viele Zentimeter bist du insgesamt seit deiner Geburt gewachsen?

$$51\ cm + \boxed{}\ cm = 1\ m$$
Justus

5 Kinder haben ihre Körpergrößen aufgeschrieben. Ordne sie der Größe nach. Beginne mit dem kleinsten Kind.

1 m 36 cm	1 m 17 cm	1 m 28 cm	1 m 30 cm
1 m 42 cm	1 m 26 cm	1 m 35 cm	1 m 40 cm
		1 m 16 cm	1 m 32 cm

6 Rätsel

Ich bin 1 m 32 cm groß.

Jette

Ich bin 5 cm kleiner als Jette.

Fabian

Ich bin 3 cm größer als Jette.

Justus

Ich bin 7 cm kleiner als Justus.

Ali

a) Wie groß sind die Kinder?
b) Wie viele cm ist Fabian kleiner als Justus?
c) Wie viele cm ist Ali kleiner als Jette?

… cm lang
… cm breit
… cm hoch

7 Wie groß sind die Dinge in Wirklichkeit? Ordne zu.

Stift:

| 2 cm | 5 cm | 15 cm | 30 cm | 1 m | 2 m | 10 m |

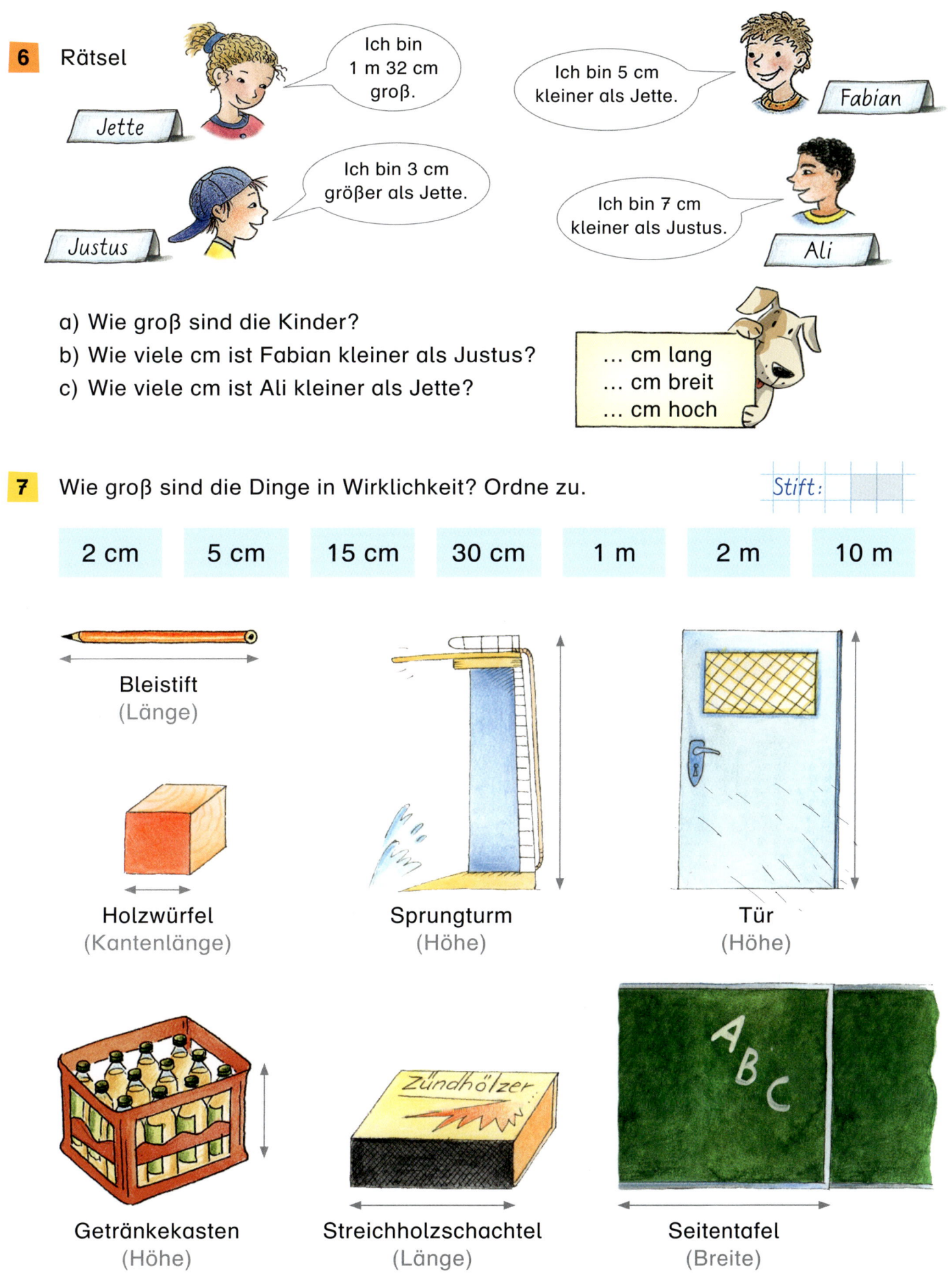

Bleistift
(Länge)

Holzwürfel
(Kantenlänge)

Sprungturm
(Höhe)

Tür
(Höhe)

Getränkekasten
(Höhe)

Streichholzschachtel
(Länge)

Seitentafel
(Breite)

Suche nach Gegenständen, die 1 cm, 10 cm, 50 cm lang oder breit sind.

1 Immer eine Geschichte, Frage, Rechnung und Antwort passen zusammen.

Ⓐ Fredo und Frida haben im Garten 24 Knochen vergraben. Fips findet 20 Knochen.

Ⓑ Frida spielt Cowboy.
Sie fängt 30 Rinder und 7 Schafe ein.

Ⓒ Fips löst 9 Aufgaben in einer Minute. Fredo ist König im Zahlenland. Er löst 3-mal so viele Aufgaben in einer Minute.

Ⓓ Ritter Fredo kämpft gegen 25 Riesendrachen und 7 Zwergdrachen. Fredo gewinnt den Kampf.

Fragen:

Gegen wie viele Drachen kämpft Fredo insgesamt?

Wie viele Knochen muss Fips noch suchen?

Wie viele Tiere hat Frida eingefangen?

Wie viele Aufgaben löst Fredo?

Rechnungen:

24 + 20 =

30 + 7 =

25 + 7 =

24 − 20 =

3 · 9 =

Antworten:

Fredo löst ▢ Aufgaben in einer Minute.

Frida hat ▢ Tiere eingefangen.

Fredo kämpft gegen insgesamt ▢ Drachen.

Fips muss noch ▢ Knochen suchen.

2 Eine Rechnung bleibt übrig. Schreibe dazu eine Rechengeschichte.

A Fredo möchte jeden Tag frische Eier essen.
Darum hat er sich 7 Hühner gekauft. Jedes Huhn kostet 6 €.
Wie viel hat Fredo bezahlt?

B Fredo, Frida und Fips üben für das Märchen
„Schneewittchen" eine Woche lang jeden Tag 2-mal.
Wie oft haben sie in der Woche geübt?

C Fredo, Frida und Fips gehen ins Kino. Der Eintritt kostet
für Hunde 6 € und für alle anderen Tiere die Hälfte.
Wie viel müssen sie zusammen bezahlen?

D Fredo hat 24 Seiten gelesen. Frida hat
genauso viele Seiten gelesen wie Fredo.
Fips hat 20 Seiten mehr gelesen als Fredo.
Wie viele Seiten hat Fips gelesen?

E Ein Fußballspiel dauert 90 Minuten.
Frida wird in der 54. Minute eingewechselt.
Wie lange spielt Frida mit?

3 Lies die Rechengeschichten A bis E.
Überlege, ob die Antwort stimmen kann. Begründe.

a) Fredo hat 13 € bezahlt.
b) Sie haben 14-mal in der Woche geübt.
c) Sie müssen zusammen 3 € bezahlen.
d) Fips hat 20 Seiten gelesen.
e) Frida spielt 90 Minuten mit.

Die Antwort stimmt.

Die Antwort kann nicht stimmen, weil ...

Schreibe selbst Rechengeschichten mit Fredo, Frida und Fips auf.
Gib sie einem Partner zum Lösen.

1 Jeweils vier Kinder haben diese beiden Gebäude fotografiert.

a) Baue die Gebäude mit deinen Holzwürfeln nach.

b) Schau dir die Gebäude von allen Seiten an.
Weißt du jetzt, wer welches Foto gemacht hat?

1  A    B   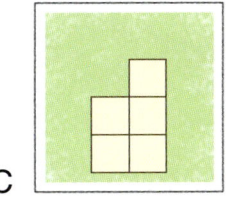 C   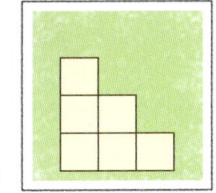 D

2   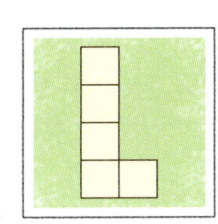 A   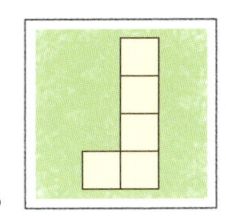 B   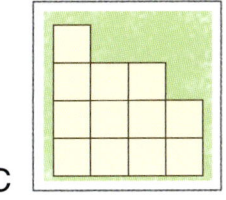 C   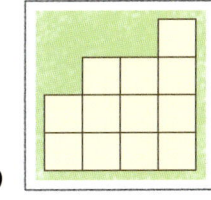 D

2 Überlege.

a) Welche Ansicht sieht Jana?

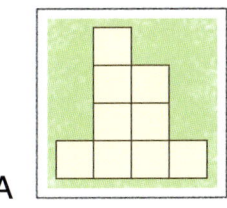
A   
B   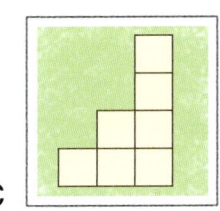
C

> die **Ansicht**
> von vorne
> von hinten
> von links
> von rechts
> von oben
> von unten

b) Welche Ansicht sieht Sofie?

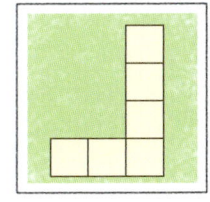
A   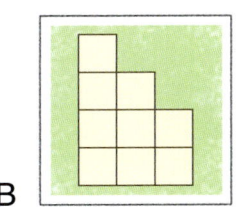
B   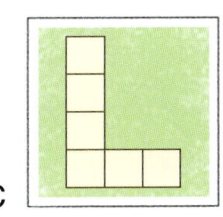
C

> Welches Gebäude
> habe ich von oben
> fotografiert?

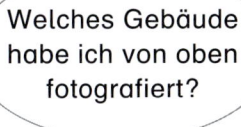

3 Wer sieht welche Ansicht?

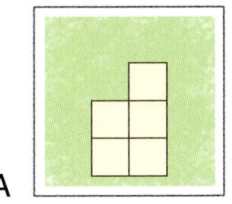
A   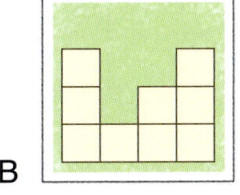
B   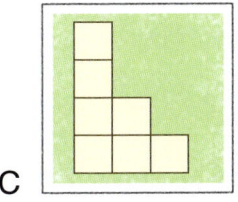
C   
D

Baue selbst ein Gebäude. Zeichne es von allen Seiten.

1 Verteile die 32 Karten so an vier Kinder, dass jeder gleich viele Karten bekommt.

Schreibe so: 3 2 : 4 =

> 32 : 4 = ▢
>
> 32 **geteilt durch** 4 ist gleich ▢

2 Verteile die 32 Karten an … Kinder.
Zeichne die Tabelle in dein Heft und trage ein.

Kinder:	2	3	4	5	6	7	8	9
Jeder bekommt:	16	▢	▢	▢	▢	▢	▢	▢
Rest:	0	▢	▢	▢	▢	▢	▢	▢

3 Würfel verteilen: Verteile an …

a) … 2 Kinder   b) … 4 Kinder
c) … 3 Kinder   d) … 6 Kinder

4 Würfel verteilen: Lege und rechne.

a) 10 : 2   b) 30 : 10   c) 25 : 5   d) 16 : 2
   18 : 2   20 : 5   20 : 1   16 : 4
   15 : 5   14 : 2   10 : 5   20 : 2

> 13 geteilt durch 2 ist gleich 6 Rest 1.

5 Würfel verteilen mit Rest: Lege und rechne.

a) 13 : 2   b) 16 : 5   c) 23 : 5
   21 : 5   15 : 10   17 : 2
   21 : 10   15 : 2   19 : 5

a)   1 3 : 2 = 6 R 1

6 An wie viele Kinder kannst du 24 Würfel ohne Rest verteilen?
Finde verschiedene Möglichkeiten.

Vergleiche mit einem Partner.

Aufteilen

Es sind 32 Karten.

Wie viele Quartette sind es?

Immer vier Karten gehören zusammen.

$$3\ 2\ :\ 4\ =\ \boxed{}$$
$$\boxed{}\ \cdot\ 4\ =\ 3\ 2$$

1 Wie viele Quartette kannst du hier bilden?

a)

a)
$$1\ 6\ :\ 4\ =\ \boxed{}$$
$$\boxed{}\ \cdot\ 4\ =\ 1\ 6$$

Wie ist das bei einem Spiel mit …

b) … 24 Karten?   c) … 20 Karten?

2 Nimm 18 🎲. Lege und rechne.

a) Lege immer 9 Würfel in eine Reihe.
b) Lege immer 6 Würfel in eine Reihe.
c) Lege immer 3 Würfel in eine Reihe.
d) Lege immer 2 Würfel in eine Reihe.

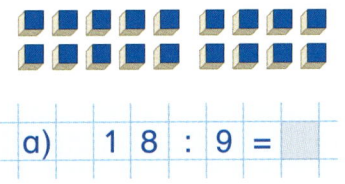

a) $1\ 8\ :\ 9\ =\ \boxed{}$

3 Lege und rechne.

a)   8 : 4   b) 10 : 2   c) 12 : 4
   18 : 2   25 : 5   14 : 2
   15 : 5   12 : 1   16 : 4

a) $8\ :\ 4\ =\ \boxed{}$

4 Lege und rechne.

a) 13 : 5   b) 16 : 10   c) 11 : 4
   23 : 8   9 : 2   17 : 5

Achtung, Rest!

5 Wie kannst du aufteilen? Finde viele Möglichkeiten und schreibe sie auf.

a) 36 Würfel   b) 40 Würfel   c) 48 Würfel

119

 1 Wie teilt Justus die Tafel Schokolade gerecht?

2 Wie wird hier geteilt?

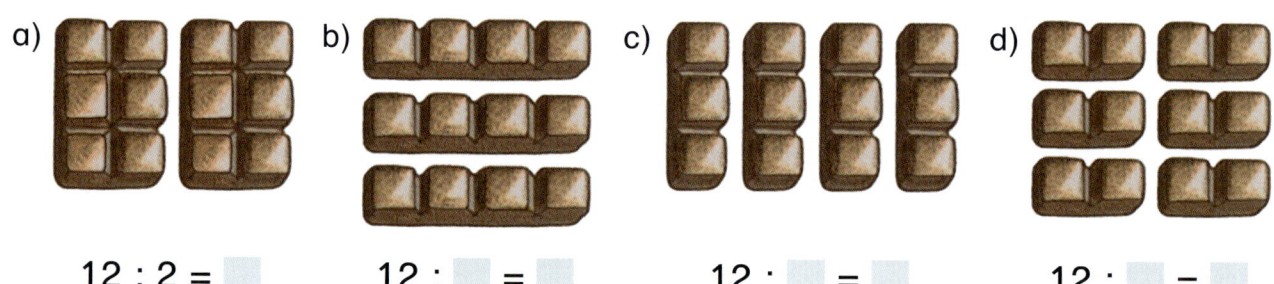

a) 12 : 2 = ☐ b) 12 : ☐ = ☐ c) 12 : ☐ = ☐ d) 12 : ☐ = ☐

3 Teile die Tafel Schokolade gerecht. Wie viele Stücke bekommt jedes Kind?
Es sind …

a) … 2 Kinder.
b) … 3 Kinder.
c) … 6 Kinder.

a) | 1 | 8 | : | 2 | = | |

4 Kannst du die Tafel Schokolade von Aufgabe 3 gerecht teilen, wenn es …

a) … 4 Kinder sind?
b) … 5 Kinder sind?
c) … 9 Kinder sind?

 … für einen ist?

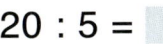

20 : 5 = ▢

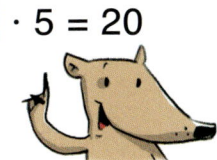

▢ · 5 = 20

Hier hilft mir die Malaufgabe.

1 Wie viele Türme kann man bauen?

a) mit 15 Würfeln: immer 5er-Türme

1 5 : 5 = ▢

▢ · 5 = 1 5

b) mit 8 Würfeln: immer 2er-Türme

8 : 2 = ▢

▢ · 2 =

c) mit 30 Würfeln: immer 10er-Türme

3 0 : 1 0 = ▢

▢ · 1 0 =

d) mit 25 Würfeln: immer 5er-Türme

e) mit 10 Würfeln: immer 2er-Türme

f) mit 20 Würfeln: immer 10er-Türme

2 Welche Aufgaben gehören zusammen? Schreibe die Aufgabenpaare auf.

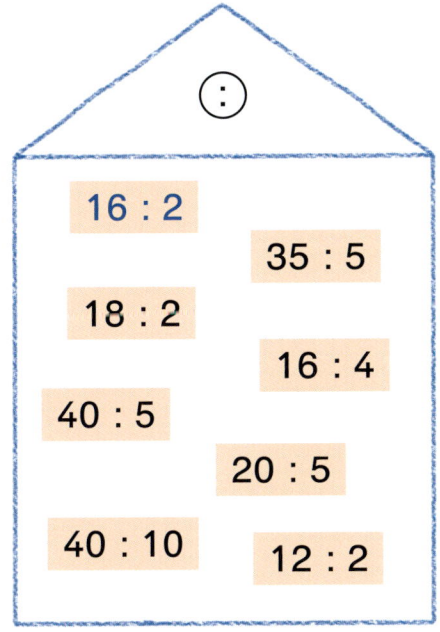

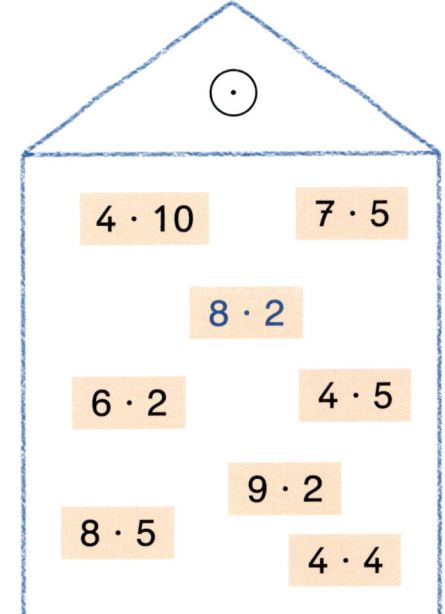

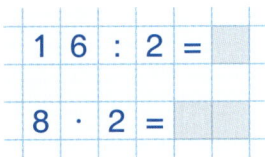

1 6 : 2 =

8 · 2 =

121

2 6 12

2 · 6 = 12
6 · 2 = 12
12 : 6 = 2
12 : 2 = 6

5 3 15

5 · 3 = 15
3 ·

Ich rechne zuerst die Tauschaufgabe.

die Aufgabe
die Tauschaufgabe
die Umkehraufgabe
die Umkehraufgabe
  der Tauschaufgabe

1 Welche Aufgaben muss Jette noch aufschreiben?

2 Bilde mit 3 Zahlen 4 Aufgaben.

a) 2 9 18   b) 6 10 60   c) 5 20 4   d) 30 6 5

3 Wie heißt die dritte Zahl? Schreibe die 4 Aufgaben auf.

a) 2 5 ?   b) ? 5 40   c) 2 14 ?   d) 70 10 ?

4 Kannst du auch hier 4 verschiedene Aufgaben bilden? Erkläre.

a) 6 6 36   b) 4 ? 16   c) 49 7 ?

Nanu?

d) Finde noch weitere Beispiele.

5 Das faule Ei: Jeweils eine Karte passt nicht. Schreibe zu den 3 passenden Zahlen eine mögliche Rechenaufgabe.

a) 5 30 7 35   b) 2 18 8 9

a) 5 · 7 =

c) 50 10 3 5   d) 6 8 36 6

oder

e) 32 4 3 8   f) 9 4 27 3

a) 3 5 : 7 =

6 Wie heißen die fehlenden Zahlen? Finde verschiedene Möglichkeiten. Schreibe jeweils die 4 Aufgaben.

a) 20 ? ?   b) ? 12 ?   c) ? ? 24   d) ? 36 ?

3 Zahlen – 4 Aufgaben: Finde selbst Beispiele.

Platzhalteraufgaben

1 Wie kannst du Jettes Rätsel lösen? Erkläre.

2 Rechne zuerst die Umkehraufgabe.

a) ☐ : 5 = 2   b) ☐ : 5 = 4   c) ☐ : 10 = 2

☐ : 3 = 3   ☐ : 6 = 6   ☐ : 2 = 2

☐ : 10 = 3   ☐ : 1 = 4   ☐ : 5 = 7

a) ☐ : 5 = 2
2 · 5 = 1 0

3 Rechne zuerst die Umkehraufgabe.

a) ☐ : 5 = 4   b) ☐ : 4 = 4   c) ☐ : 5 = 6   d) ☐ : 10 = 7

☐ : 2 = 7   ☐ : 2 = 10   ☐ : 8 = 8   ☐ : 5 = 8

☐ : 5 = 3   ☐ : 7 = 7   ☐ : 10 = 9   ☐ : 1 = 8

4 Rechne.

a) 35 : ☐ = 7   b) 25 : ☐ = 5   c) 30 : ☐ = 6   d) 14 : ☐ = 2

80 : ☐ = 8   100 : ☐ = 10   45 : ☐ = 9   90 : ☐ = 10

81 : ☐ = 9   16 : ☐ = 8   9 : ☐ = 3   30 : ☐ = 5

5 Rechne. Was fällt dir auf?

a) 12 : 2 = 24 : ☐   b) ☐ : 10 = 30 : 5   c) 14 : ☐ = 28 : 4

18 : 2 = 36 : ☐   ☐ : 10 = 20 : 5   ☐ : 10 = 50 : 5

25 : 5 = 50 : ☐   45 : 5 = ☐ : 10   64 : 8 = 32 : ☐

 Schreibe selbst Zahlenrätsel wie Jette und Justus. Ein Partner soll sie lösen.

Teilen üben

1 Vergleiche: <, >, =

a) 8 : 2 ◯ 5   b) 18 : 2 ◯ 8   c) 16 : 4 ◯ 3   d) 20 : 5 ◯ 4
   25 : 5 ◯ 6   40 : 5 ◯ 8   35 : 5 ◯ 8   100 : 10 ◯ 10

2 Vergleiche: <, >, =

a) 16 : 2 ◯ 18 : 2   b) 10 : 2 ◯ 30 : 5   c) 70 : 10 ◯ 35 : 5
   36 : 6 ◯ 36 : 9   25 : 5 ◯ 45 : 5   14 : 7 ◯ 14 : 2

3 Aufgaben mit Rest: Die erste Aufgabe hilft.

a) 4 : 2   b) 12 : 2   c) 25 : 5   d) 30 : 10
   5 : 2   13 : 2   27 : 5   35 : 10

a)   4 : 2 = 2
     5 : 2 = 2 R 1

4 Aufgaben mit Rest: Die erste Aufgabe hilft.

a) 16 : 4   b) 15 : 3   c) 25 : 5
   17 : 4   16 : 3   26 : 5
   18 : 4   17 : 3   27 : 5
   19 : 4   18 : 3   28 : 5
   20 : 4   19 : 3   29 : 5
   21 : 4   20 : 3   30 : 5

Was fällt dir auf?

Wenn ich durch 4 teile, dann ist der Rest höchstens 3.

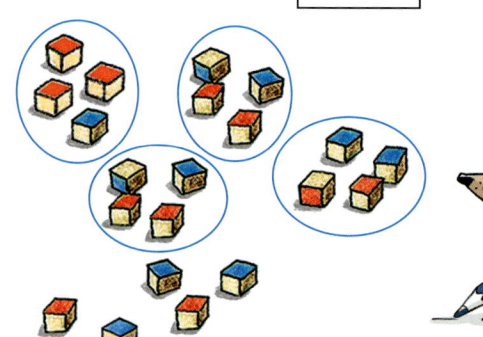

21 : 4

Rest 5?

Wenn ich durch ▨ teile, dann ...

5 Was passiert mit dem Rest? Erkläre.

a)

b)

6 Rechne.

a) 31 : ▨ = 10 R 1   b) 37 : ▨ = 6 R 1   c) ▨ : 8 = 8 R 4
   ▨ : 2 = 1 R 1   ▨ : 5 = 7 R 4   44 : ▨ = 8 R 4
   ▨ : 10 = 9 R 9   87 : ▨ = 8 R 7   17 : ▨ = 8 R 1

7 Zahlenrätsel

a)

a) Ich denke mir eine Zahl und teile sie durch 5. Als Ergebnis erhalte ich 8.

b) Ich nehme die Zahl 20 und teile sie. Das Ergebnis ist 5.

c) Ich nehme die Zahl 50 und teile sie. Das Ergebnis ist 5.

d) Ich denke mir eine Zahl und teile sie durch 10. Das Ergebnis ist 7.

e) Ich nehme die Zahl 64 und teile sie. Das Ergebnis ist 8.

8 Zahlenrätsel

a) Ich denke mir eine Zahl. Wenn ich sie durch 5 teile und 17 dazuzähle, ist das Ergebnis 24.

b) Ich nehme die Zahl 40 und teile sie. Das Ergebnis ist die Hälfte von 16.

9 Was gehört zusammen? Schreibe Frage, Rechnung und Antwort.

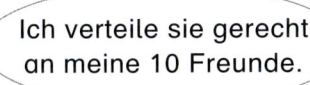

Ich verteile sie gerecht an meine 10 Freunde.

a) Wie viel Euro haben die Sticker gekostet?

b) Wie viele Sticker hat Jette insgesamt?

c) Wie viele Sticker bekommt jedes Kind?

d) Wie viele Sticker bleiben übrig?

$45 \cdot 1\ € =$ ☐

$5 \cdot 9 =$ ☐

$5 \cdot 1\ € =$ ☐

$5 + 9 =$ ☐

$45 : 10 =$ ☐ R ☐

Bei mir muss die Kirsche die 1 sein.

10 Gleiches Bild – gleiche Zahl

a) · =
$81 :$ =

b) · = 16
 : = ·

c) · = 20
 − = 1

1 Justus freut sich auf seinen Geburtstag. Er will mit seinen Gästen im Garten feiern und gegrillte Würstchen essen. Gemeinsam mit seinen Eltern plant er. Was überlegt er wohl? Erzähle oder schreibe auf.

 2 Justus möchte 11 Kinder einladen. Reicht der Platz am Tisch?

Wie viele Kinder passen wohl auf eine Bank?

3 Justus möchte möglichst lange mit seinen Gästen Geburtstag feiern. Seine Eltern meinen, 4 Stunden sind lang genug. Spätestens um 18.30 Uhr soll Schluss sein. Welche Uhrzeit schreibt er auf seine Einladung?

Liebe Jette,

ich lade dich zu meinem Geburtstag am 7. Juni herzlich ein. Das Fest beginnt um ....

Dein Justus

4 Justus kann seinen Geburtstag am 7. Juni kaum noch erwarten. Wie oft muss er noch schlafen, bis es endlich so weit ist?

5 Wie viele Würstchen kaufen sie? Überlegt gemeinsam.

6 Zu den Würstchen soll es Weißbrot geben. Wie viele Brote kaufen sie? Was habt ihr euch dabei überlegt?

7 Justus' Eltern haben noch eine volle Kiste Apfelschorle im Keller. Reicht das für die Geburtstagsfeier?

8 Zum Nachtisch soll es noch kleine Erdbeertörtchen geben. Wie viele Packungen kaufen sie? Erklärt.

Öffnungszeiten

Winter (1.11.–31.3.)
9.00 Uhr – 17.00 Uhr

Sommer (1.4.–31.10.)
9.00 Uhr – 19.00 Uhr

Die Tierhäuser schließen
im Sommer um 18.45 Uhr
im Winter um 16.45 Uhr

Eintrittspreise
pro Person

Erwachsene	11 €
Kinder 3 – 13 Jahre	6 €
Kindergruppen (ab 20 Personen)	4 €
Familien (Eltern, max. 3 Kinder)	25 €
Parken	3 €

1 Was siehst du auf dem Bild. Erzähle.
Finde Rechenfragen zum Bild.

2 Beantworte die Fragen.

a) Wann schließt der Zoo im Winter?
b) Wann schließt der Zoo im Sommer?
c) Wie viel Euro kostet der Eintritt für Erwachsene?
d) Wie viel Euro kostet der Eintritt für Kinder?

3 Jette geht mit ihrer Oma und Justus in den Zoo. Wie viel Euro kostet der Eintritt?

4 Was würde der Eintritt kosten, …

a) … wenn Justus seinen Geburtstag im Zoo feiert?

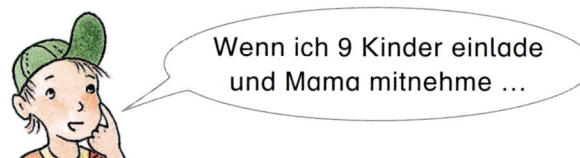

Wenn ich 9 Kinder einlade und Mama mitnehme …

b) … wenn Justus und Jette mit ihrer Klasse und ihrer Lehrerin in den Zoo fahren?

Wir sind 24 Kinder in unserer Klasse.

5 Es ist 14.00 Uhr. Wie lange hat der Zoo noch geöffnet?

Und wenn jetzt Winter wäre?

6 An wie vielen Tagen im Jahr gilt die Sommeröffnungszeit?

Fütterungszeiten der Tiere

Krokodile	sonntags	15.00 Uhr
Nasenbären	sonntags	14.30 Uhr
Seelöwen	täglich mit Vorführung	15.30 Uhr
Tiger	täglich außer montags	15.30 Uhr
Affen	täglich	siehe Aushang am Gehege

1 Kugel Eis	1 €
Melone	1,50 €
Limo	2 €
Bockwurst	2,50 €
Tierbuch	5 €
Stofftier	7 €

7 Beantworte die Fragen.

a) Wie viel Euro kostet eine Kugel Eis?
b) Wie viel Euro kostet ein Tierbuch?
c) Wie viel Euro kostet eine Limo?
d) Wann werden die Nasenbären gefüttert?
e) Wann werden die Seelöwen gefüttert?

8 Beantworte die Fragen.

Wie viel Euro kosten …
a) … zwei Kugeln Eis?
b) … drei Limos?
c) … zwei Bockwürste?
d) … vier Tierbücher?

9 Heute ist Mittwoch. Jetzt ist es 14.15 Uhr. Welche Fütterungen finden noch statt?

Lies genau.

10 Kann das stimmen? Begründe.

a) Justus kauft für sich und Jette ein Eis. Er bezahlt 20 €.
b) Es ist 15 Uhr. Der Zoo schließt in 10 Stunden.
c) Jette kauft sich von ihrem Taschengeld ein Stofftier und ein Tierbuch. Sie bezahlt 12 €.

11 Justus hat der Zoobesuch gut gefallen. Zwei Wochen später geht er mit seinen Eltern und seinen zwei Schwestern wieder hin. Sein Vater bezahlt den Eintritt und das Parken mit einem 50-€-Schein. Wie viel Euro bekommt er zurück?

Informiere dich über Eintrittspreise, Öffnungs- und Fütterungszeiten im Zoo in deiner Nähe. Schreibe und rechne selbst Rechengeschichten dazu.

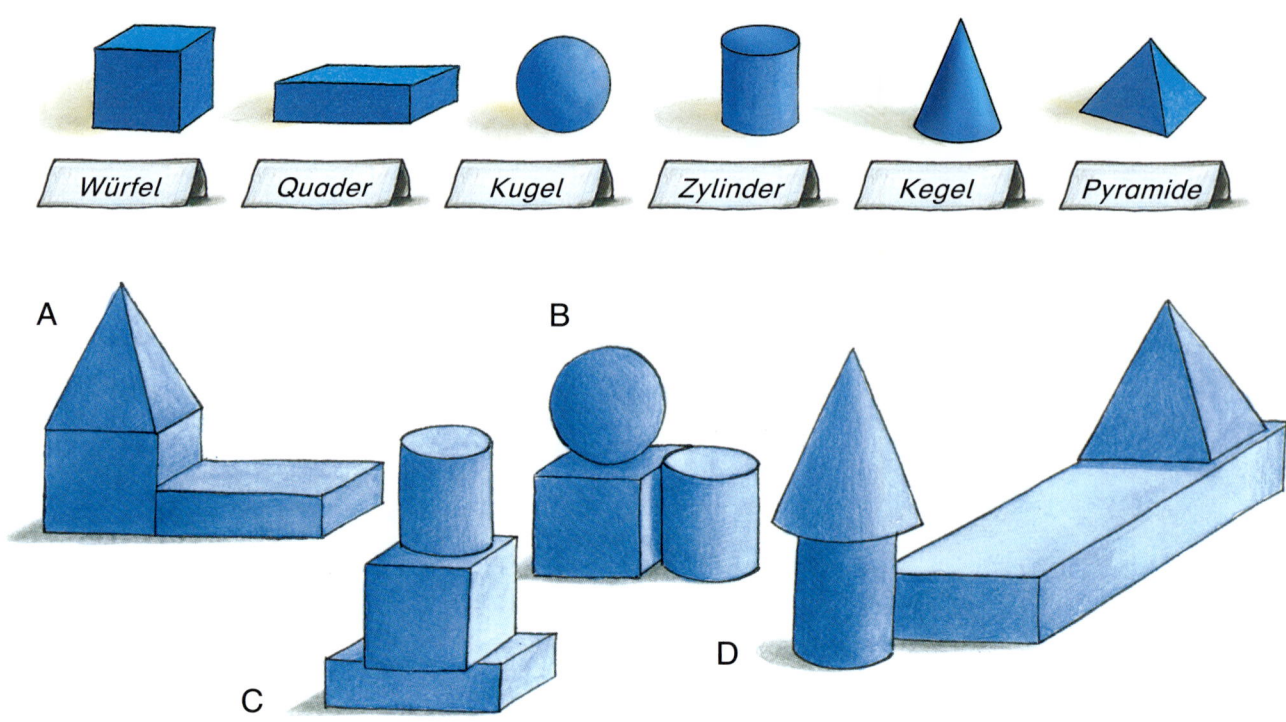

| Würfel | Quader | Kugel | Zylinder | Kegel | Pyramide |

1 Jette und Justus haben gebaut.
Welche Körper haben sie verwendet?

A: Würfel, …

2 a) Beschreibe diese Körper: Würfel, Quader und Kugel.
Die Kärtchen können eine Hilfe sein.

Der Würfel …

… hat … Kanten.　… ist rund.

… kann rollen.

… hat keine Ecken.

… hat … Ecken.　… kann kippen.　… hat keine Kanten.

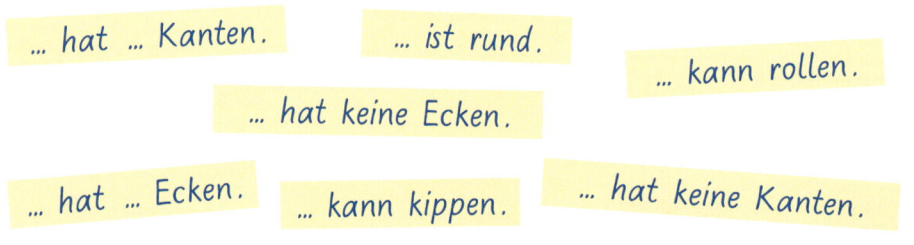

b) Vergleicht Würfel und Quader.
Was ist gleich, was ist anders?

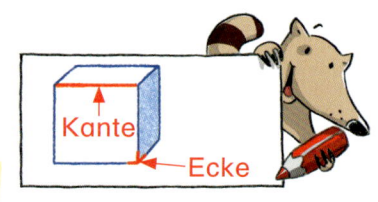

3 Forme aus Knetmasse
verschiedene Körper.

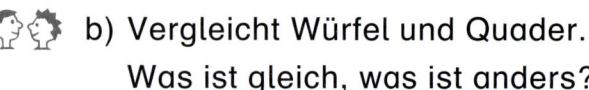  

4 Spiele mit einem Partner
„Geometrische Körper verstecken und erraten".
Woran erkennst du, welcher Körper das ist?

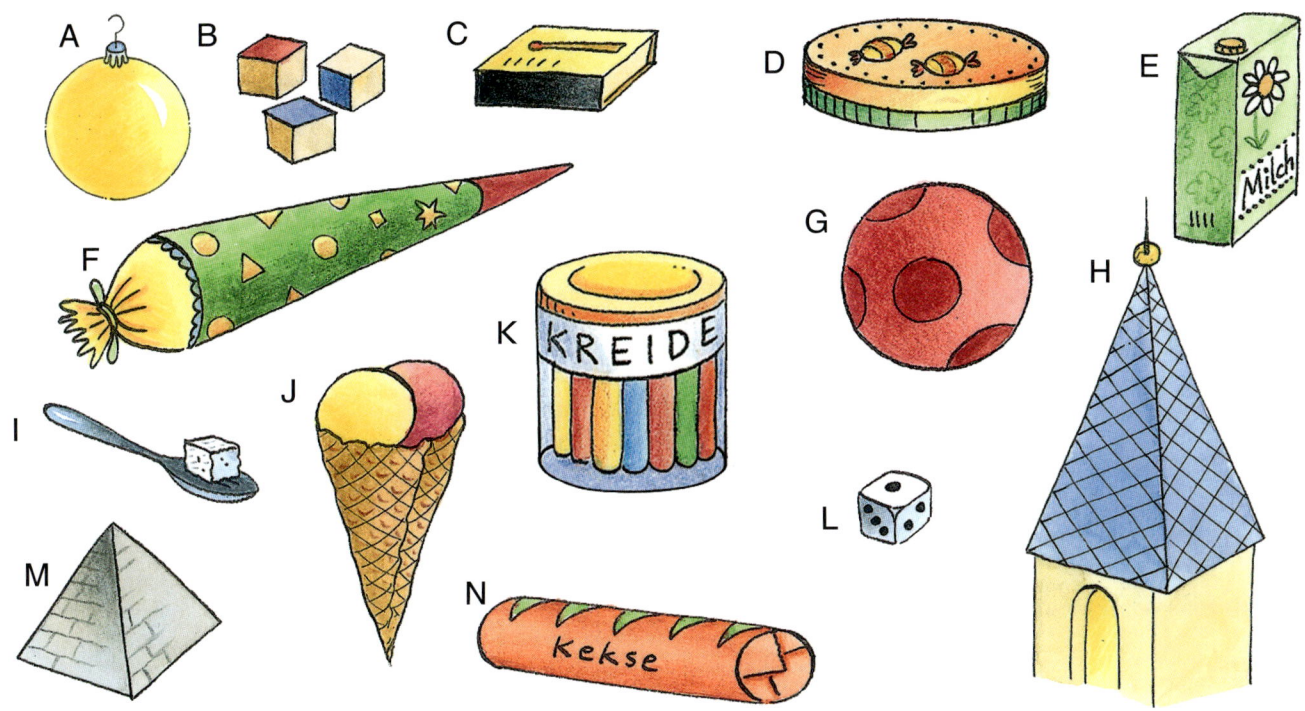

5 Welchen Körpern ähneln diese Dinge? A: Kugel, …

6 Bringe Gegenstände für eine Ausstellung mit, die zu den sechs Körpern passen.

7 Welche Gegenstände der Ausstellung haben die Form eines Würfels, die Form eines Quaders oder die Form einer Kugel? Schreibe auf.

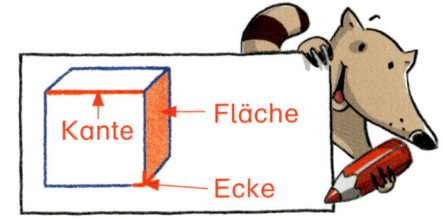

8 Hier siehst du Abdrücke (Flächen) von Körpern:

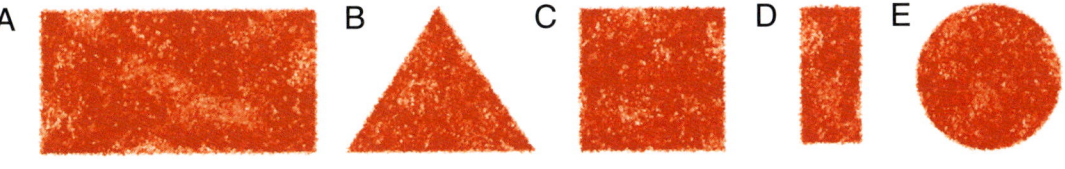

A   B   C   D   E

a) Wie heißen diese Flächen? A: Rechteck, …

b) Von welchen Körpern könnten die Abdrücke stammen? A: Quader, …

c) Kann es sein, dass Abdruck A von einem Würfel ist? Begründe.

 9 Was wäre, wenn …

a) … Autoreifen die Form eines Würfels hätten?

b) … ein Tennisball die Form eines Zylinders hätte?

c) … ein Spielwürfel die Form eines Quaders hätte?

d) … Getränkedosen die Form einer Kugel hätten?

e) … Mauersteine die Form von Pyramiden hätten?

Rechnen

Rechenzeichen

$+$	$-$	$\cdot$	$:$	$=$	$>$	$<$
plus	minus	mal	geteilt	ist gleich	ist größer als	ist kleiner als

Plusaufgaben und Minusaufgaben

Tauschaufgaben	Umkehraufgaben
$24 + 36 = 60$	$35 + 14 = 49$
$36 + 24 = 60$	$49 - 14 = 35$

Malaufgaben und Geteiltaufgaben

Tauschaufgaben	Umkehraufgaben
$5 \cdot 7 = 35$	$6 \cdot 5 = 30$
$7 \cdot 5 = 35$	$30 : 5 = 6$

Wichtige Malaufgaben

Kernaufgaben

$1 \cdot 7 = 7$	$7 \cdot 1 = 7$
$2 \cdot 7 = 14$	$7 \cdot 2 = 14$
$5 \cdot 7 = 35$	$7 \cdot 5 = 35$
$10 \cdot 7 = 70$	$7 \cdot 10 = 70$

Quadrataufgaben

$1 \cdot 1 = 1$
$2 \cdot 2 = 4$
$3 \cdot 3 = 9$
…

$4 \cdot 4$

Zahlen

gerade Zahlen	ungerade Zahlen
0, 2, 4, 6, 8 …	1, 3, 5, 7, 9 …

Nachbarzahlen	Nachbar-Zehner
45, 46, **47**	20, 25, 30
59, 60, **61**	50, 51, 60
78, 79, **80**	30, 39, 40

Zehner und Einer

7	6

7 Zehner und 6 Einer

sechsundsiebzig

Geometrie

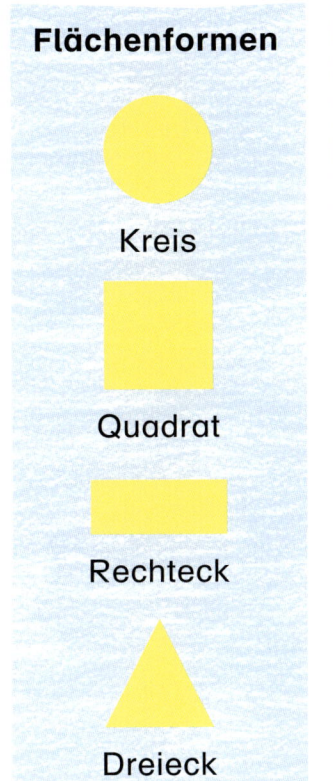

Flächenformen

Kreis

Quadrat

Rechteck

Dreieck

Körper

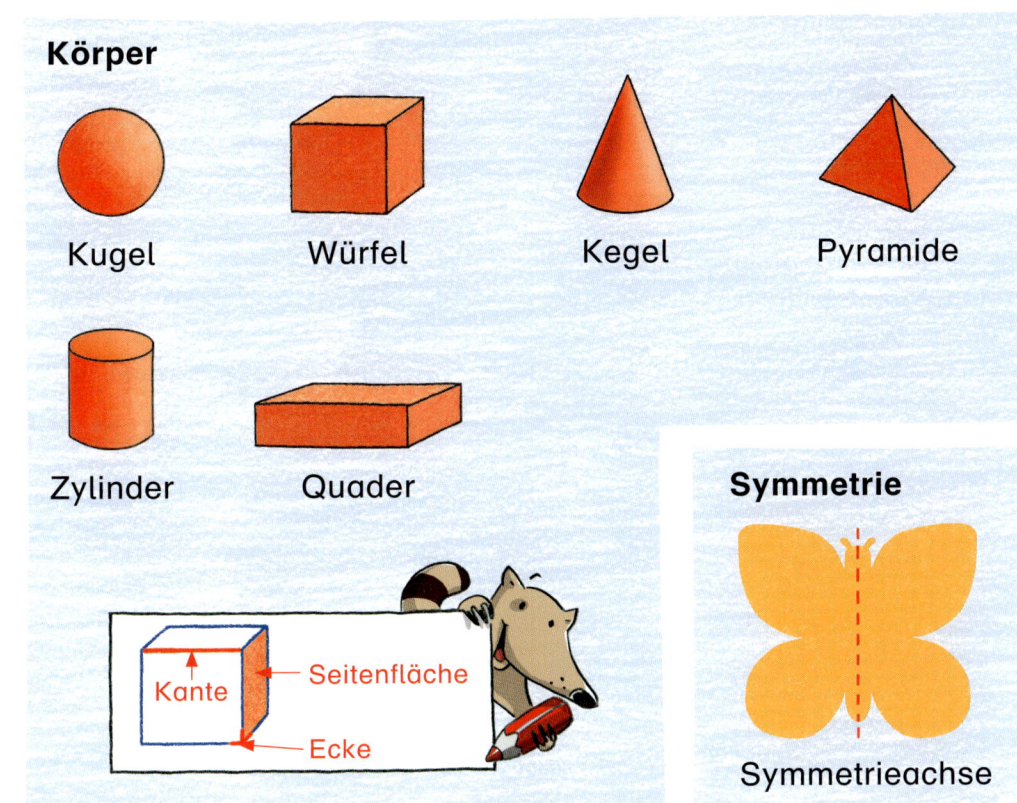

Kugel Würfel Kegel Pyramide

Zylinder Quader

Kante — Seitenfläche

Ecke

Symmetrie

Symmetrieachse

Größen

Körpermaße

   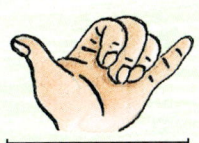 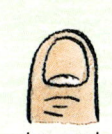

Armspanne Schritt Fuß Handspanne Daumenbreite

Längenmaße

1 Meter = 100 Zentimeter

1 m = 100 cm

So messse ich:

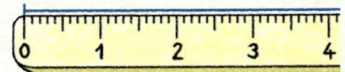

Geld

1 Euro = 100 Cent

1 € = 100 ct

Das Komma trennt
Euro und Cent:
5 € 95 ct = 5,95 €

Kalender

1 Jahr hat 12 Monate.

1 Monat hat 31 Tage oder
30 Tage oder 28 (29) Tage.

1 Woche hat 7 Tage.

1 Tag hat 24 Stunden.

Uhr / Zeit

1 Stunde = 60 Minuten

1 h = 60 min

9.00 Uhr	9.15 Uhr	9.30 Uhr	9.45 Uhr
21.00 Uhr	21.15 Uhr	21.30 Uhr	21.45 Uhr
neun Uhr	Viertel nach neun	halb zehn	Viertel vor zehn
	viertel zehn		drei viertel zehn

Mathematische Inhaltsübersicht

Mathematische Inhaltsübersicht